全球自媒体营销泰斗迈克尔·哈耶特里程碑之作

平台

PLATFORM
自媒体时代用影响力赢取惊人财富

[美] 迈克尔·哈耶特 著
赵杰 译

中央编译出版社

Copyright © 2012 by Michael Hyatt
English edition published in Nashville, Tennessee, by Thomas Nelson. Thomas Nelson is a registered trademark of Thomas Nelson, Inc.
Simplified Chinese edition copyright: 2013. Beijing Love Angel Publishing Ltd.
All rights reserved.

图书在版编目（CIP）数据

平台：自媒体时代用影响力赢取惊人财富 /（美）哈耶特著；赵杰译 . —北京：中央编译出版社，2013.9

书名原文：Platform:get noticed in a noisy world

ISBN 978-7-5117-1779-5

Ⅰ.①平… Ⅱ.①哈…②赵… Ⅲ.①互联网络—传播媒介—应用—市场营销—研究 Ⅳ.① F713.50-39

中国版本图书馆 CIP 数据核字（2013）第 222771 号

平台：自媒体时代用影响力赢取惊人财富

出 版 人：	刘明清
出版统筹：	薛晓源
责任编辑：	冯　章
策　　划：	董保军　张天罡
特约编辑：	黄善卓
版式设计：	汪　华
出版发行：	中央编译出版社
地　　址：	北京市西城区车公庄大街乙 5 号鸿儒大厦 B 座（100044）
电　　话：	（010）52612354（总编室）　（010）52612351（编辑部） （010）66161011（团购部）　（010）66130345（网络销售） （010）66130345（发行部）　（010）66509618（读者服务部）
网　　址：	http://www.cctpbook.com
经　　销：	全国新华书店
印　　刷：	北京温林源印刷有限公司
开　　本：	787×1092 毫米　1/16
字　　数：	170 千字
印　　张：	17.5
版　　次：	2013 年 10 月第 1 版第 1 次印刷
定　　价：	32.00 元

本社常年法律顾问：北京市吴栾赵阎律师事务所律师　闫军　梁勤

目录

导　言　世界是一台戏

第一篇　从此一鸣惊人
- 一　谨记产品至上 / 013
- 二　细心酝酿卓越 / 017
- 三　超越市场预期 / 023
- 四　扫除绊脚石 / 030
- 五　切勿甘于平庸 / 033
- 六　名字应令人难忘 / 037
- 七　好包装十要诀 / 041

第二篇　整装待发
- 八　承担个人责任 / 047
- 九　志当存高远 / 050
- 十　明确平台目标 / 054
- 十一　创作电梯演讲 / 057
- 十二　建立品牌工具 / 061
- 十三　组建工作团队 / 065
- 十四　找到最佳代言 / 070
- 十五　自我形象代言 / 074
- 十六　巧用网媒工具包 / 077

第三篇　构筑网络大本营

十七　　了解营盘模型 / 087
十八　　专注于网络经营 / 089
十九　　辨识真假专家 / 092
二十　　开通个人博客 / 094
二十一　务必亲自创作 / 101
二十二　使用博文模板 / 104
二十三　建立思想清单 / 107
二十四　高效写作技巧 / 111
二十五　创建视频访谈 / 115
二十六　不需请校对员 / 119
二十七　保护知识产权 / 121
二十八　谨防写博误区 / 125
二十九　重视"关于页面" / 128
三十　　打造登录页面 / 137
三十一　制作演讲页面 / 142
三十二　忘掉数量指标 / 152

第四篇　扩大影响力

三十三　吻别传统营销 / 157
三十四　区分轻重缓急 / 161
三十五　增加流量有妙招 / 165
三十六　建立订户名册 / 170
三十七　巧用旧文增流量 / 174

三十八	写作客串博文 / 178
三十九	使用赠品要诀 / 181
四　十	谨防读者流失 / 184
四十一	关注几组数据 / 186
四十二	拥抱微博 / 189
四十三	微博使用基础 / 192
四十四	克服抵触情绪 / 200
四十五	每天三十分钟 / 204
四十六	赢得更多粉丝 / 206
四十七	切忌无人关注 / 211
四十八	微博推销产品 / 215
四十九	脸谱网粉丝页 / 220
五　十	统一品牌形象 / 224
五十一	应对传统媒体 / 226

第五篇　加入你的群落

五十二	赢得博客评论 / 233
五十三	针对性回复评论 / 236
五十四	营造健康氛围 / 238
五十五	制定评论守则 / 241
五十六	实施 20 比 1 法则 / 244
五十七	监测个人品牌 / 246
五十八	捍卫个人品牌 / 249
五十九	切勿喂养魔兽 / 256

六　十　　让博客生钱 / 258

结　语　　迈出第一步 / 261
附录一　　遵守 FTC 相关法规 / 264
附录二　　针对小说家的写博理念 / 269

导 言
世界是一台戏

导言
世界是一台戏

四个多世纪前，威廉·莎士比亚的一句"整个世界是一座舞台"如今言犹在耳，只是这句话在当下比以往任何时候都更显真实。如果你有话要说，无论是通过博客、研讨会、一本书、一首歌、一个剧本、一次布道，或者是一出戏剧，你都身至舞池；如果你有东西要卖出，无论是一对一销售，还是一对多的公众行销，抑或是通过互联网，同样，你是在舞台上。

但是这个舞台从来没有像现在这么拥挤，如果仅仅是站在上面而灯光却没有在你身上聚焦，或者台下观众席空空如也，一切毫无意义。

本书的主旨就在于为你打开那盏最亮的灯，吸引受众，并且让他们对你常保热情的忠诚，使其在你所言及的每句话、所触及的每个场景、所发出的每个行动中，始终与你同在。这并非自负或哗众取宠，而是要开掘自身那些对他人具有价值之处，然后尽力找到最有效的途径把信息传递出去，使别人从中受益。

如果你是一个有抱负（或者已经成功）的作家、艺术家、音乐家、演说家、推销员、公职候选人，无论你是有话要说还是有货要卖，我希望帮助你驾驭属于自己的舞台，并赢取远远超乎你想象力之上的关注。

新舞台

捧起本书之前，若非跟出版业有某种联系，或者关注我的博客，你可能从未听说过我。毕竟，我名不见经传，既没有上过有线电视脱口秀，也没有上过哪一届风云榜，更别提竞选或担任公职。(谢天谢地！)

然而，尽管如此，我拥有你需要的东西，它必定是期盼在自身领域获得成功的你梦寐以求的。这件东西就是所谓的"平台"。

很简单，平台就是你借以立足亮相的地方。它就是你的舞台。但是，与传统的剧院舞台不同，今天的平台并非木头水泥的构造体，也未矗立于芳草萋萋的山丘间，而是由人所搭建而成，他们是你接触到的种种社会关系：一面之交者、相熟者、粉丝，等等。

平台就是你借以沟通粉丝和潜在粉丝的工具。它可能包括你的公司网站、博客，你的微博和脸谱网（facebook）账户、网络视频或者播客。对演说家、音乐家或者艺人而言，它也可能包括你的个人形象。甚至还会包括传统媒体的报纸专栏、杂志文章，或者广播节目。而其最大的可能就是将所有上述所及囊括其中。

导言
世界是一台戏

你认识谁？

今天跟从前一样，成功在很大程度上并不仅仅取决于你懂得什么，而在于你认识谁。这个谁就是你的平台。你也许已经拥有，或者相信自己拥有了重要的什么。但你必须在其他成千上万的声音中让自己的声音被人听到；你也必须能够向人展示你的才华，展示你那重要的什么。我可以助你一臂之力，帮你找到并连接上方程式中的这个"谁"。

你可能怀疑有无必要听我唠叨这个话题。告诉你，我的博客 MichaelHyatt.com 每月点击超过 40 万；另外，超过 5 万人订阅我的每日博客文章。事实上，本书在很大程度上正是以我许许多多的网络文章为基础写成。应许许多多人之请，我终于坐下来，把我对这一问题的所有想法汇拢，并做了重要的增订。我还有十多万微博关注人、一万五千多脸谱网粉丝。

而实现这一切仅仅用了 6 年时间。

作为一个与许许多多"这个谁"相沟通的人，我可以明确告诉你，构建平台不用再担心门卫的刁难、咨询费的昂贵，也不用怕弄不懂那些一团乱麻似的复杂技术。

5 年前可能有这些现实的担心，但不是今天。社交媒体技术改变了一切。现在，开天辟地第一次，像你我这样的无名之辈都可以在这个日益喧嚣浮躁的世界赢得声名，并且大赢特赢。

平台
自媒体时代用影响力赢取惊人财富

成功方程式

曾经，我收到一封电子邮件。邮件来自一位雄心勃勃的作者，她正在努力，想使自己从几百万实实在在的竞争对手中脱颖而出。图书出版界最为喧嚣浮躁。她认为她的书（这个什么）足以让自己功成名就。这是一个完美的例子。作为托马斯·纳尔逊出版公司董事会主席，我每周收到的邮件都是这种类型。

她写道：

两位受人尊敬的出版商对我说，他们喜欢我的书，感谢我投稿，也愿意将其出版，但得等到我在传媒上有众多粉丝之时。我感到十分困惑：现在难道一本书够好还不行吗？作者注定要把宝贵的时间大量花在搜寻博客用户上吗？

对第一个问题的回答十分肯定。现在仅有产品好还不行。好是基础，但还不够。第二个问题的答案同样肯定。你必须提前行动，创造方程式中的这个谁。在今天的商业环境中，你要成功，必须拥有两个东西：一个让人欲罢不能的产品和一个有效平台。

生产了一件很酷的产品、精心制作了一条令人难忘的广告、创作了一首优美的曲子、写作了一部光彩夺目的小说，或者在重大赛事中卫冕成功,这些都远远不够。这种现象现在比以往任何时候都更真实。为什么?

两条原因:

1. 竞争比以往任何时候都更激烈。你最近在网上购过物吗?有一天我在亚马逊查看平板电视,搜索结果竟有19069条!这很荒唐可笑,但如果你想把商品信息传递出去,就必须面对这样的现实。

2. 人们比以往任何时候都更无所适从。这不仅仅是因为产品更多,唾手可得,还因为各种各样的传媒更多。更多的电影,更多的电视频道,更多的计算机技术应用,比如广播站、播客和视频游戏,等等。更多的新闻网站、博客,当然,还有脸谱网和微博。换句话说,人们的注意力是有限的资源,你在与所有其他媒体竞争这一资源,你的竞争对手是所有其他媒体,他们都想要在你潜在客户的注意力中分走一杯羹。

这可能十分令人沮丧,但我却将其视为机遇,理由在于,正因为这样,那位雄心勃勃的作者才反过来与我联系。如果你现在就着手,就会拥有从来没有过的那么多渠道与别人联系。这就是构建平台的理由。

认真构建和培育你的平台,至少有三大好处:

1. 平台提供知名度。平台这个词本身就暗喻我前面提到的舞台,站在舞台上你就从人群中脱颖而出,就使你能被每一个观众看见。这一点在我们这个喧嚣的世界极其重要,在这个世界上,越来越多的人和组织机构声嘶力竭叫嚷,试图引人注目。

2. 平台提供放大效应。它使你高居于声嘶力竭的人群之上，声音能够被人听到。现代音响系统发明之前很久，传教士和政治家们站在平台之上，就是为了声音能让人听到。现代音响系统放大自然音响，使得面对成千上万人演讲成为可能。今天，现代传媒——尤其是社交媒体——提供的机遇，甚至能够让你的声音传得更远。

3. 平台提供链接。传统媒体平台使得单向的亲密成为可能。你"知道"这位脱口秀主持人、表演艺术家，或者那位演说家。但社交媒体将此提高到一个全新的水平，让双向的互动成为可能。结果是，你可以同从来没有过的那么多粉丝、客户，或者支持者联络沟通。

———————

现在，你已经理解了平台的基本概念，下面我来带领你为自己、自己的产品、服务，或者自己的事业，建设一个稳固的、持久的舞台。

本书第一篇，"从此一鸣惊人"，你会弄懂如何创建、命名和包装自己让人欲罢不能的产品（这个"什么"）。如果这一步没做好，其他事情就无从谈起。这一部分敲定，就可以进入这个"谁"了。

"整装待发"篇涵盖了从设置品牌工具来获得过硬的第三方认证和创建一套在线媒体工具。

然后进入"构筑网络大本营"篇（从这里我们才真正开始进入到如何构建自己强大的网络之家）和"扩大影响力"篇。

导言
世界是一台戏

这两篇内容涵盖了博客、微博和脸谱网。

最后,在"加入你的群落"中,我们用维护品牌、吸引读者两方面极有价值的内容结束全书。

本书以方便实用为宗旨。你按章节顺序阅读全书,或者找到感兴趣的题目一头扎进去,都可以。每一小节都独立成章。(我相信,许多读者会直接进入最后一节"让博客生钱"阅读。)最后有一个索引以供条目检索。

第一篇
从此一鸣惊人

第一篇
从此一鸣惊人

一　　谨记产品至上

现在你知道,在成功方程式中有两个要诀:一个让人欲罢不能的产品(什么)和一个有效平台(谁),本书论述的重心则在后者。但是如果你完全忽略第一个要素——让人欲罢不能的产品——也赢不了这场比赛。

为乏味无聊的产品搭建烂摊子,无疑是在浪费你的宝贵时间和资源。正如我最推崇的营销大师之一大卫·奥格威所言:"伟大的营销只能使蹩脚的产品更快消亡。"真是一针见血。

多年来我一直强调:"产品第一,别犯傻。"任何行业的成功秘诀都在于提供非同一般、让人欲罢不能的产品。我此处提到的"产品",意思是指你试图表达的观点或者销售的物品。如果你是演说家或者艺人,它可能就是你自己;它也可能是你提供的某种核心服务,不论目的是否为了赚钱;或许它是你正在全力以赴的事业、一条津津乐道的消息;或者它就是一个实体,比如一本书。无论什么形式的产品,如果它本身不合格,任你有多精通营销知识、销售技巧或者多么善于经营,都不可能掩盖它的瑕疵。

营销的目的像是为水泵引水,如果人们不愿意使用你的产品,而且也不向他的朋友推荐,那你自己反倒会被浇个透心凉。你既花不起那么多钱,也不可能足够聪明,去赢得一场没有口碑的营销。光有营销是行不通的。

以此为依据，我们来考察苹果公司是如何首次推出 iPhone 的，那真是引人入胜。如同千千万万的苹果粉丝一样，我通过其十分流畅的互动网站，阅读了所有相关文章，不禁感叹：真酷！我无论如何要买一部。不过转念一想：还是等到第二代问世后再买吧。让他们先克服一代产品的缺陷再说。

接着我又看到了史蒂夫·乔布斯 2007 年在苹果世界的主题演讲。如果你的工作与产品开发有关，这个视频务必要看。

从中我有三点感悟：

1. 己所不欲，勿施于人。 要打造你自己愿意使用的产品。瞧乔布斯，你能看出他深爱自己的产品。他对自己正在使用的 iPhone 极为熟悉，认为它"非常酷"，并且从不掩饰地给予由衷的赞美。"神圣的"、"难以置信"，甚至"魔幻般的"……诸如此类形容词贯穿于他的演讲始终，并于圣诞节的早晨展示了这个孕育 5 年的奇迹。他真的让人信服。因为他并非向你推销，而是在分享自己的经历。

你打造的产品又是如何呢？如果你在谈论所事行业，并且明知它可以改变人们的生活，你能传递出令人为之激动而又由衷信服的信息吗？如果从事销售，你真的会使用自己正在叫卖的商品吗？你会满怀激情地向朋友推荐它吗？你是真的喜欢这些产品，还是仅仅为了完成不切实际的任务指标，或者只是想增加收入？

2. 不落俗套，解决问题。 要创造与众不同且能解决实际问题的产品。颇具讽刺意味的是，就在 iPhone 发布一周前，一些顶级的手机制造商还在各大媒体上信誓旦旦地说，"我们已经占据了整个市场，没有剩下任何有价值的开发余地。投资者需要习惯于收益增速放缓和利润率下降。从现在起，竞争将会很残酷。"

话音刚落，乔布斯来了，宣告一款彻底颠覆传统的新手机正式面世。结果可想而知，"苹果"股价迅即飙升，摩托罗拉、诺基亚、三星则是暴跌。"苹果"不是满足于开发一款仅仅添加了外在特征的手机，而是完全从头开始，设计出全新的解决方案。苹果的工程师们设身处地为用户着想，不落俗套。他们不是从技术找出路，而是带着梦想出发去寻找技术。这是一种完全不同的业务模式。

你又如何呢？我们太多时候任由思维囿于现状，被过去紧紧束缚。我们跟不上消费者的步履，不会问："什么才可以使它真正变酷？如何才能把它提高到全新水平？假如现在技术局限已经不是问题，我们还能创造什么？"你必须尽快跳出窠臼，重新发动梦想引擎。

3. 放开眼量，超越期待。要创造超出你的顾客们期望的产品。我在看乔布斯的演讲时，会忍不住把目光投向听众。他们如痴如醉，就像在看魔术大师表演。乔布斯演示每一个新特点，人群中都会爆发出热烈的掌声与喝彩。十分意外的是，我发现自己不知何时也已经欢欣鼓舞地大笑起来。那一刻，我觉得自己又回到了童年。最重要的是，我想立即拥有这样一部手机！

产生如此魅力的部分原因在于，"苹果"在其产品视觉上达到了简洁与优雅的完美结合，令人吃惊。每个图标都不事张扬却十分漂亮；每个功能都易于操作而毫不复杂。每一个细节都尽显别致，以至于看上去似乎不仅仅是制造的结果，而是出自想象。

你的产品或者服务又是怎么样的呢？你隔多久向市场贸然抛出一些东西，然后是一声叹息，五味杂陈："得了，我想，该做的都做了。它虽然不是出类拔萃，但也够好了"？

很遗憾，我们不是从远大的理想出发。恐怕我们早已满足于平庸；我们把目标定得很低，以至于实际达到的更低。

如果你要搭建平台，那就是时候重燃激情了。把你自己和你钟爱的杰出产品——对，钟爱的！——推出来，投向市场。如果做不到，那么，你搭建平台的尝试注定失败。

如果创造了出类拔萃的产品，别的一切都将变得简单。"苹果"不吝斥资专注于产品开发，但是相对而言，营销方面的花费则寥寥。就在推出 iPhone 的同时，拉斯维加斯正在举办消费电子产品展览会，然而，"苹果"所覆盖的新闻媒体版面却大大超过了整个展览会。苹果毋庸置疑地证明了这句话，"产品第一，别犯傻"。

让我们从"苹果"的精彩剧本中汲取经验吧！并坚守成功方程式的第一个要诀：从一个令人叹为观止的产品开始。

二　　细心酝酿卓越

布莱克·麦考斯基的故事则以完全不同的方式令人尊敬并叹服，但其引人入胜和令人感动之处却丝毫不逊色于已去世的史蒂夫·乔布斯。他的故事告诉我们用自己的产品给受众一次惊喜体验有多么至关重要。

2006年，正在阿根廷旅游的麦考斯基看到当地许多孩子都没穿鞋。返回美国家中后，他立即开办了一家新公司——汤姆斯鞋业，在销售方式上采取一对一行动，即每卖出一双鞋，就配送一双新鞋给需要的小孩。第二年，在更多人的支持下，他返回阿根廷，让一万双小脚穿上了鞋子。截至2010年9月，汤姆斯及其关联机构，例如消除儿童饥饿基金会，已在全世界范围内为有需要的孩子提供了逾100万双鞋子。

诚然，你或许并不认为一双鞋有什么值得惊叹之处，但是要知道，对于许许多多这样的孩子来说，汤姆斯提供的却是他们人生中第一双鞋子。没有鞋，他们上不了学，而且极易因土壤中的病毒侵入肌肤而感染，并罹患疾病。

听听下面的话吧！肯尼亚的一个孩子说："我非常感动，因为曾几何时，早上一觉醒来的时候，我根本不敢相信有这种事会发生在自己身上。"而一名教师则说："我可以告诉你，这些孩子如今彻夜难眠。他们整晚都在谈论这些鞋子！"是否足够令人惊叹？！

如果你像史蒂夫·乔布斯或者布莱克·麦考斯基一样，有想法要与人分享，或者要推出某些产品或服务，我有很重要的消息告诉你：我们需要的是更好的理念、产品和服务，但绝非更多。具体而言，就是我们需要那些一鸣惊人之处，也就是成功方程式中的第一个要诀。但是，究竟什么才称得上一鸣惊人？我们如何实现这一点？更重要的是，如何能够确保我们的理念、产品和服务能够创造一次让人叹服的经历？

首先是认知。我们大多数人都曾体验过"惊艳时刻"，只是从未花上一点时间对其深入思考。几年前的夏天，我带妻子和小女儿第一次前往苏格兰旅游。期间我们租了一辆汽车，花了一周时间游览西部高地。旅途从爱丁堡出发，驱车北上因佛内斯。然后下行，经尼斯湖西面，到奥古斯塔堡，再调头向西横穿高地，最后抵达斯凯岛。时光美好，一路上，我们无时无刻不在尽情享受。

快到斯凯岛首府波特里小镇时，雷阿塞岛之声横空出世闯入我们的眼帘，那一刹那，我们百感交集地惊呼一声："哇！"一种无与伦比的美丽使我热泪盈眶，那一刻我们经历了人生前所未有的惊喜和感动。整个旅途中，从爱丁堡古堡、喀里多尼亚运河、艾琳多南城堡、顿特乌史前石塔、格莱内尔格海湾、短裙崖，到格伦菲南附近的圣玛丽教堂和圣芬南教堂，再到一眼望不到头的苏格兰羽扇豆田，我们一路惊呼不断。

这次旅行结束后不久，我就召集管理团队开了一整天策划会议。下午的会议一开始，我就请大家回想自己生平感受最强烈的"惊艳时刻"，然后逐一上台分享。一个人谈及一次生育

第一篇
从此一鸣惊人

过程；另一个描述了自己第一次与太太接吻的感受；还有一个人则分享了他第一次在津巴布韦观赏维多利亚瀑布的经历。这是一次群情激奋的会议，无论是他还是她，讲话时无不神采飞扬，我们其余的人则全都融入了这种欢乐之中。

接着，我又请大家试着找出各个不同经历之中的共同点。我们拟了一个如下清单，会发现每一次如是的深刻体验经历都由以下 10 个元素分别组合而成。

1. 超出预期。每次值得你为之欢呼的经历都会超出你的预期。它总能产生喜悦、惊讶、感叹，抑或是敬畏。有一年圣诞节，一位朋友买来一本大卫·麦卡洛的《1776 年》插图本送给我。老实说，我十分震惊。我从来没有见过这么漂亮的书。正如广告页所言，"这部大卫·麦卡洛的最新著作，作为 2005 年的最佳畅销书，以其丰富而又引人瞩目的信函、地图、画像复制件等未经编辑的第一手素材，向读者揭示了美国走向独立的最初步伐。"毋庸置疑，这是一个具有开创性且让人惊叹的产品。

2. 心怀期待。对于来一次让自己为之欢呼雀跃的经历的期盼，和经历本身一样美妙。当你想到它时，其实就已经开始提前享受这个过程。比如，写作本书时，盖尔和我正计划一场海滩旅行，我们的心思意念每天都沉浸其中。就在每一件待办事宜不断浮现脑海间时，我几乎感觉到清凉的海风已然徐徐吹来。并且，随着每天的第一道曙光乍现，这种期待越来越强烈。

3. 引人共鸣。之所以有些经历让人惊叹，在于其能够触动心灵。它从内心深处引起共鸣，有时让人起鸡皮疙瘩，甚至使人潸然落泪。我还记得第一次看到我的两个孙女在沙滩上玩耍的情景。就在追波逐浪，或者被浪花追逐的稚嫩身影中，她们已成快乐的化身。我不由得发自内心地欢呼，啊，让我也那样年轻！

4. 内涵卓越。每次忘我的体验总是能够将你和某种卓越元素融为一体。在那一刻，你找到了目的、意义，甚至是上帝。多年前，我还在做艺术家经纪人时，有一次，一位客户在钢琴前款款落座，要演奏几首新曲给我的合作伙伴和我听。她乍一弹奏，我就被音乐深深吸引，一度认为此曲只应天上有，以至于完全为个中美妙所陶醉。

5. 通达透彻。每次忘我的体验都会使你看待事物时有前所未有的通达和透彻。刹那间，你从一个全新的角度茅塞顿开。前不久，我正在读尤金·奥凯利的《追逐日光——将临死亡怎样改变了我的生活》。他的故事是那么具有震撼力，使我爱不释手。在前往西海岸的几个小时长途飞行中，我对生命有了前所未有的透彻理解。

6. 享受当下。每次忘我的体验都会抹去时间印迹。在那一刻，你想不起从前，甚至想不到将来。取而代之的是，你全身心沉浸于当下正在发生的事情。我有过一次这样的完美时刻，那是一个宁静的黄昏，我与女儿玛丽和女婿克里斯静坐在门廊里，一边品着杯中红酒，一边畅谈，几个小时一晃而过，那番享受让我们陶醉，以至于似乎时间早已戛然而止。

7. 普适价值。每次真实的忘我体验都会具有普适性。大家在这方面的经历可谓大同小异，这就是太阳马戏团和科罗拉多大峡谷广受追捧的原因。它们是如此引人入胜，以至于人们不论年龄、大小、种族差异，都纷纷前来，络绎不绝。

8. 无私分享。每次忘我体验都会带来一次无私分享。你无法把它藏在心头，相反，你总是下意识地想到所有希望与之分享的人们，然后迫不及待地向他们推荐而毫无保留，以至于你会成为不计回报的福音传播者。我在自己的博客上和现身说法向大家推荐书籍时便是如此。正如你所可能知道的，"苹果的体验传播群"就是这样一种现象。

9. 永不褪色。每次忘我的体验都将永不褪色。你会一而再、再而三地体验它却乐此不疲。它经久不衰。将时间拉回到1973年得克萨斯州达拉斯城的得克萨斯露天体育场，当时我聆听了一场由克罗斯比、斯蒂尔斯、纳什与杨格四人组合联袂演出的音乐会，我的位置离舞台仅有十来米，那次体验简直不可思议。转眼到了2000年，我生日那天，盖尔买了两张在纳什维尔的音乐会门票，同样的四人组合，在27年过去后的今天却依然让我神魂颠倒。

10. 超凡脱俗。每次忘我的体验都会让你豪情满怀。一方面，你内心乐得参与其中，感到自己超凡脱俗，俨然就是社会精英；另一方面，它又使你温良谦逊。桑德拉在人工耳蜗植入手术后有一次这样的美妙经历。耳蜗植入前，她已经深度失聪。耳蜗激活那天，她终于听到孙女说的第一句话："你能听到我说话吗，奶奶？"在以后的几个月里，她都能够听得很清晰。她说，"真是奇迹。我又听见了记忆中儿孙们的声音、其他家人的声音、朋友们的声音。难道生活还能比这更美好？"显然，桑德拉从中体会到了超凡脱俗的美妙而又不无谦恭。

成功意味着灵光乍现时就能够驾轻就熟地一眼识出，更重要的是在它端倪未露时你就能够预先感知，并且坚持不懈地让自己努力去开掘。不要满足于平庸。否则，你就剥夺了你的客户追求并且理应享受的非凡经历，而它正是搭建有效平台的基石。

三 超越市场预期

2010年11月28日,人们翘首以盼的百老汇摇滚音乐剧《蜘蛛侠:终结黑暗》试上演。演出门票早被抢购一空,观众们热切期待,忍不住要先睹为快,仅仅冲着该剧是由朱莉·泰默亲自执导这一点,就吊足人的胃口,须知,她先前还导演过由《狮子王》音乐改编的宏伟音乐剧;由U2乐队的台柱子波诺与刀锋共同谱曲和填词的配乐也必将魅力四射;耗资6500万美元所打造的鸿篇巨制,其视觉效果也将令人震撼。

然而,它却成了一场彻头彻尾的灾难。开场就不能按时,严重推后;4个小时的演出乱成一锅粥;故事情节混乱,令人摸不着头脑;演出甚至一再由于梁上的起吊装置倒悬而中断,可怜的演员被吊于半空,不上不下。

领衔主演、蜘蛛侠的扮演者瑞夫·卡尼一度被卡在钢丝上,动弹不得。到第一幕结尾,他又被悬吊于距离观众头顶几英尺的地方,晃晃荡荡。

当晚的观众有1800人左右,许多人中途退场。一些人这么评论道:

"哦,我完全不知道看了些什么。简直乱成了一锅粥。泰默看来是深深沉溺在象征手法和思维定势之中不能自拔,都忘记了还得编一个故事。即使偶尔出现的那么一点新东西,也被湮没在缺少灵魂的整体中。"

"演出中断了五六次。第二幕中有一次中断把一位女观众吓得歇斯底里尖叫……我不知道别人的感受,就我自己感觉像是实验用的豚鼠。我要求退钱!我们全都要退钱。"

"唉。情节。第一幕我倒是看懂了。第二幕乱七八糟,完全不知道讲些什么。戏剧总还是得有点儿意义,不是吗?"

当晚《蜘蛛侠》的观众们显然是期待一场音乐饕餮盛宴,而泰默给予的却是清汤寡水般的失望,这样说还是客气的。不过这提醒我们每个人,应当尽力避免类似结果的发生,哪怕是在非公共场合的小范围。

请谨记一条底线:你必须做到超越顾客的既定期望值。

这听起来并不那么深刻,但是对于我们当中那些致力于一鸣惊人并希望搭建有效平台者而言,却有其深意。

首先,每个人对未来的任何一次经历都满怀无尽期待,不管是有意或者无意、笼统抑或具体、模糊还是明晰。总而言之,人类思维特性使然,这个世界上根本不存在对未来经历毫无期盼的顾客。

在上述案例中,多重因素叠加形成了观众的期望值:之前对大片《蜘蛛侠》的观影感受犹有不尽回味;因《狮子王》而名声大噪的导演朱莉·泰默的巨大声望;偶像实力派作曲者波诺。加之人们对于该剧的角色原型非常熟悉而亲切,就更架不住开演之前各种商业手段以及广告带来的巨大冲击。

在强调底线时我之所以特别突出"既定"一词,有两重意义:

其一，观众对于音乐剧有明确期望值；其二，人们对于舞台剧的心理预期"与时俱进"，20年过去，早已今非昔比。曾几何时，难以想象的电脑合成、计算机辅助用光之类特效技术已大行其道。所以，每一次一鸣惊人的华丽转身都必将为后来者的独树一帜抬高门槛。

由此，将该案例中观众们的现实体验与其先行预期相较，本可产生三种不同结果：

- 失望——体验未达预期；
- 良好——体验达到预期；
- 惊叹——体验超过预期。

请注意，其中有且只有最后一项堪称一鸣惊人，即便是"良好"也差强人意，如果你创造价值的目标在于让人为之倾倒迷醉，那么这三种状态中，唯有最后一种是你可以接受的。

顺便提一句，我并非要你把生命中的每一个经历都创造成奇迹。如果事事引人惊叹，旋即，就必将凡事索然无味。因此，你必须能够明确一点，就是要在哪些事情上不同凡响，然后所要做的就是确定方法、技巧以达到目标。这里，我给雄心勃勃的你提出5个"如何一鸣惊人"的问题：

1. 我要创造或者化腐朽为神奇的产品或者经验究竟是什么？
2. 我的客户或者潜在客户体验后将会有什么样的感受？（换言之，你究竟想要创造什么样的具体结果？）
3. 我的核心客户对此有何具体期待？

4. 我所提供的业务可能在哪些方面不能满足客户期待？

5. 我认为哪些方面或许能够超越客户期待？

如果要一鸣惊人，请你或你的团队在开始之前对这些问题予以回答。

到此为止，想必你已非常清楚，我们这里所说的产品远非我们所生产的那些有形实体本身。它是客户的全部体验，始于客户走进我们公司前台那一刻。以下是我们运用上述5个问题来赢得顾客赞叹的方式：

1. 我要创造或者化腐朽为神奇的产品或者经验究竟是什么？

· 客户的前台感受。

2. 我的客户或者潜在客户体验后将会有什么样的感受？（换言之，你究竟想要创造什么样的具体结果？）

· 客户会认为我们的公司非同一般，因为他从来没有过这样的前台经历。他猜想我们公司一定独具特色，以至于迫不及待想要深入考察。

3. 我的核心客户对此有何具体期待？

· 前台干净、整洁、明亮；

· 接待员亲切而又专业；

· 接待员会致电相关人员，通知他有客户来访；

· 请他登记并佩戴访客姓名卡；

· 请他坐着等待；

· 在确认前请他等待5～10分钟；

· 有几本可能稍稍过期的杂志可以浏览；

· 要会见的职员到前台接他。

4. 我所提供的业务可能在哪些方面不能满足客户期待？

·前台肮脏、杂乱，或者光线不好；

·接待员烦躁、冷漠、缺乏礼貌；

·接待员质询客户，只是要落实他是否有过预约；

·叫（不是请）他签到，随之递来一张写着他姓名的粗糙低劣的不干胶标签。那标签老是要从衣服上掉下来；

·无处可坐，或者座位不空。他只得站着；

·他等待的时间超过10分钟；

·没有阅读物，或者杂志破旧不堪，早已过时；

·告诉他怎么走，然后只得自己穿过这座从未来过的大楼。

5. 我认为哪些方面或许能够超越客户期待？

·前台不仅干净、整洁、明亮，甚至是赏心悦目。公司历史年表被饰以精美手工制品，而每件饰品的意义被一张小卡片加以标注。一道淙淙流淌的喷泉和小小的室内池塘闹中取静，在喧哗都市间营造出一片温馨静谧的绿洲。

·接待员的头衔是"第一印象主管"。她深知自己职位的战略重要性，对工作尽职尽责且怀着极大的荣誉感。

·接待员始终把访客当宾客。访客这个词很生分，意味着人人都想快点把他打发走。宾客这个词意味着尊重与殷勤接待。

·接待员脱口而出宾客的姓名且热情祝福，让对方惊奇感叹：她怎么会知道我的名字？接待员伸出一只手自我介绍，说："见到您（或者又见到您）真好。您今天来到公司我们真心高兴！"或者说："真高兴再次见到您。天气比您三月份来时暖和多了。"

·接待员送上打印好了的宾客姓名卡。（如果客人没有预约,她会迅速打印一份。)这可比不干胶或者别针有亲和力多了。它卡在客人的衣服上,却不会伤面料。客人名字用大写字母,姓氏则在名字下方,用小写字母。①

·接待员问客人爱喝什么。"我这儿有瓶装矿泉水、苏打水,还可以现调咖啡。"她说。如果客人回答,"咖啡。"接待员会再礼貌性地问他要不要放糖或牛奶。

·随后接待员说,"您能稍坐一会儿吗?我打个电话给某某,请他过来。我知道他正盼着见您呢!不好意思要让您稍候,我去给您调制咖啡。"

·客人在舒适的椅子上坐下,看到旁边除了几本行业期刊外,还有一些最新的畅销杂志。而且,书架旁还摆放着一摞本公司的新产品,一张带着祝福语的小卡片提示对方可取用一份。

·客人就座后,接待员自己替他签到,而该过程客人完全没有看到。

·不出五分钟,某某走到前台,热情欢迎客人。他们离开前台时,接待员说:"很高兴见到您,某某先生。我期待回头能再见到您。"

当然,这仅仅是一个小例子。但我想它能够说明怎样才能把任何一种(甚至是十分平常的)体验化腐朽为神奇。该程序确实适用于任何事情——家庭度假、与配偶约会、公司会议,抑或是打造一种新产品。

---

① 这是针对以字母署名的西方礼节,如果是汉语名字,则注意字体工整、清晰。

第一篇
从此一鸣惊人

然而,行胜于思。最艰巨之处无疑在于执行。如何才能把你梦想中的非凡创意变为现实?这正是一般的好产品与出类拔萃产品之间的差别,也正是促使你搭建强有力平台的动力。

如前所述,没必要要求凡事都堪称创举。但是,一旦你亲身体验过出类拔萃与平庸凡俗之间的区别,就很难安于平常了。

四　　扫除绊脚石

不久之前，还在担任托马斯·纳尔逊出版公司首席执行官时，我和公司一位编辑有一段很有趣的谈话。他刚刚读完一本由我们长期合作的名家所撰的书稿。我问："你觉得如何？"

他有些犹犹豫豫："实话实说？"

"对，我要听真话。"我鼓励道。

"比较一般。"

我的心一沉。我知道公司在这本书上已经投下重金，正指望它能畅销大卖。

"唔……那么，问题在哪里呢？"我问他，也不知道自己是否真的想知道真相。

"我……我也不知道，"他结结巴巴回答，"内容全是炒剩饭，实在看不出一点新意。"

"那是个问题。"我明确表态，"这个项目非常重要，不能满足于一般，必须不同凡响。"

在项目与追求的梦想之间，你要做出选择。你要么坚持自己凡事卓越的原则，要么囿于陈规降低标准。

以我的经验看，至少有5种情况会成为通往卓尔不群道路上的绊脚石。

第一篇
从此一鸣惊人

1. **时效太低**。最后期限到了，我们仓促交货。或者赶快应付完手中差事，转而去接待下一个顾客，让他根本没时间抱怨。我们仅仅因为没有足够的时间尽心尽力、尽职尽责，只得敷衍了事。显然，这是尚未真正完工的夹生饭。

2. **资源不够**。我们很想把工作做好，由衷希望能上升一个台阶，但一直苦于资金缺乏、人手不够。我们替自己找借口说，"条件所限，我已经尽了最大努力。"于是，我们又是敷衍了事，转身去应对下一个项目或者下一个顾客。长此以往，周而复始。

3. **经验不足**。我们常常只知其然，不知其所以然，以至于总是眼高手低，梦想与实际差距甚远。当我们清楚知道可以提供什么产品或服务时，却往往由于知识、技能或者经验不足，最终在梦想面前望而却步。

4. **从众心理**。我们骨子里似乎都有点缺乏自信，以至于常常对自己说："似乎大家都喜欢那样。或许他们是对的，毕竟在座的不乏精英。算了，我还是噤声，就这样吧！"于是，我们丢掉自我的种种主见而盲从于整个团队。

5. **畏首畏尾**。我想明确强调指出：这一点才是最大障碍。让我们坦率地面对自己的内心，就必须承认，前述四项都只是借口。如果我们有足够勇气，就能找到时间、资源，或者经验。我们也会勇敢面对团体种种异见，而不会满足于让自己只是委曲求全。

但我们真正害怕什么呢？也许是怕丢掉饭碗、失去顾客，或是自己的权威。也许我们不想让人看做不明智，或者是过于苛刻。我们害怕背后的闲言碎语。相反，我们想要的是人见人爱。

如果要一鸣惊人，我们必须勇敢无畏。这是一道必须跨越的个人心理鸿沟。我们要创造的卓尔不群的产物，就在深渊另一面。因此，唯有此途通向美好彼岸。

五　　切勿甘于平庸

我想以自己婚后五周年纪念日时的一次难忘经历来分享找回勇气之道，以及告诫大家培养一种警醒潜在风险的意识的重要性。那一天，妻子和我去毛伊岛庆祝结婚纪念日。到达目的地第二天，我们上了一堂潜水课。起初是在游泳池里训练，然后去宾馆旁边的珊瑚礁。我们爱上了潜水，就仿佛是在巨大的水族馆里游泳。

当天晚些时候，我们租了一些潜水装备，决定开始一次属于自己的探险。我们终于发现了一项可供两人同时进行的新运动。

次日一早，我们的探险之旅延伸至海滩，那里杳无人迹，像极了歌曲《蓝色珊瑚礁》中的场景——原始而纯朴，静谧无声，又美不胜收，这一切使我们迫不及待地跳进水里。置身珊瑚礁群，在清凉的海水中我们俯视下去，一切美景尽收眼底，身下几英尺密密麻麻的海洋生物焕发勃勃生机，色彩斑斓的鱼儿、轻摇身姿曼舞的植物，当然，还有那些充满活力的珊瑚，令人目眩神迷。这真是一次绝妙的人生经历！

游至一个地方，我从水中探出头来，举目四望，不禁倒吸一口凉气。我们在海潮的裹挟下，已经漂离海滩一英里之多，此时的海岸线看上去遥不可及。包括我们下榻的宾馆在内的所有建筑物，都像是遥远记忆中童话里的玩具。

　　我赶紧呼唤妻子，所幸的是她就在我身边。当她抬起头明白我们已身处险境时，用恐惧的眼神盯着我惊慌失措地问："天哪！我们怎么办？"幸好身边有一块冲浪板，本来是打算用它装载贝壳或者其他"宝贝"的，这下派上了用场，我们紧紧抓住它，拼命拍打脚蹼，向着岸的方向逃命。

　　漫长的一个多小时之后，我们终于开始靠岸，得以在浅水处站起来，然后步履蹒跚地艰难前行，直至瘫倒在沙滩上，那一刻彻彻底底地体会到什么叫筋疲力尽，并意识到刚刚经历的是怎样的死里逃生。这种结果绝非我们一大早傻乎乎溜进水中时想要的。

　　我们的人生中有许多经历与此相似。你按照预期盘算好的计划推进的事情，结果却大相径庭。这是粗心大意的惨痛教训。

　　由此类推可用来反思打造产品、服务或某项事业时一厢情愿的随心所欲。身处商业时代的公司，你会有第一次出席务虚会的经历，有人心怀梦想，致力于打造令人着迷、欲罢不能的产品，许多卓尔不群的产品也正是由此诞生。所有的与会者被鼓舞，创新的点子汩汩涌流，以至于整个会议室因为创意无限而迸发出活力。

　　现实随即接踵而至，我们很快就开了第二次会议，一些人汇报了所分配任务的进度，也许是他们参与研究的一份草图、一个提案或一份范本。这些看起来都不错，事实上堪称相当好。但就是与我们起初的期望值尚有距离，总感觉少了些什么。

　　每个人都客客气气的，个别人甚至提出中肯建议。但是在内心深处，你意识到梦想已经遭受重击。当然，它还未完全破灭，但是已经在截止日期、预算和有限资源等现实因素面前退缩，变得中规中矩，甚至敷衍了事。

相似经历会发生在每一个想要有所作为的人身上，无论他试图打造的是一本书、一张唱片，抑或是一部喜剧小品。要"完成"很容易，但也仅此而已。这一刻你面临抉择，是坚持起初的愿景目标，还是和会议室里的每个人一起漂向大海，漫无目标地随波逐流，而全然不顾正在发生什么？

以下6种方法会有助于你找回勇气，打破桎梏，一鸣惊人。

1. 坚持卓越立场。如同人生许多重大事情一样，卓尔不凡的成果取得必须以许诺为起点，你必须从一开始就立定心志，将永不放弃、不会敷衍了事和固守成规。当然，并非人生中所要从事的每个项目都要如此，但是，当你确定自己的梦想合理并值得为之一搏时，就要立场坚定并全力以赴。

2. 牢记最初梦想。圣经《箴言》29章18节中，所罗门王说："若无异象，民将死亡。"这话对致力于卓越梦想的人同样是至理名言。在这个梦想变为现实之前，它只是存于脑海间的意念。但是，后来的实践过程中，有时候你有必要闭上眼睛，让自己着力打造之物清晰再现。

3. 时时保持警醒。要做到这一点，最好的办法是自问，"这件事为什么如此重要？"我写作第一本书时，拟了一张清单，上面列出我要写它的七条理由。每天早上动笔之前，我都要加以复述。它赋予这个项目堪称伟大的意义，每每我要打退堂鼓时，它促我前行。

4. 听从内心召唤。我们绝大多数人终生都在忽略，甚至是压抑自己的直觉。我不知道这是否是现代理性主义或者美国实用主义的产物。无论如何，我坚信直觉就是藏宝图，它不见得绝对可靠，也不在我们的情理当中，但它能指引我们走向正确方向。我们需留意聆听这一内在声音。

5. 公开捍卫梦想。这是决定性的一步。为捍卫自己的卓越梦想，你必须从内心深处激励自我，并将之诉诸纸面。如果你不这么做，还能指望谁呢？要保持梦想不泯灭，你可能是唯一坚守到最后的最佳机会，这就是你不能保持沉默的原因。

6. 不妨"顽固"。这一点可能最难做到。我们每个人都想要被人喜欢，没有人想落得"难打交道"或者"冥顽不化"的恶名。但是，回头看看自己的人生经历，难道你最尊敬的人不正是给你提出要求最多的那些人？当时可能你并没有完全意识到这一点，回头看看，正是他们坚决拒绝固步自封才使得结果柳暗花明。

事实上，平庸是人的天性。随波逐流根本无须你付出任何精力，它自然而然就会产生。但是，一旦你希望开创非凡之旅，或者想搭建属于自己的平台，那就需要勇气。你愿意勇敢面对吗？

六　　名字应令人难忘

你必须为自己的核心产品或者服务取一个有助于它发挥最大潜质并赢得市场的名字,这是迟早要做的,就像为自己的博客命名一样。请谨记,不要使产品冠以你家宠物的名字,这样必然惨遭淘汰。须知你所脱口而出的不仅仅是个称呼,而是你的头号营销工具。

伊戈尔就是成功范例,作为一家以冠名和品牌推广著称的公司,从真相电视台到诺基亚系列手机,它的业务范围几乎无所不包。他们深谙与顾客成功沟通之道。针对雅虎征婚交友栏目的品牌标签"相信",伊戈尔团队评论认为:

品牌的最高奖赏是顾客的青睐,引其参与,"相信"就是获此殊荣的精彩范例。此类栏目不太精明的口号可能会是"寻找你的梦中情人",那样就会使效果大打折扣,因为它的缺点明显:

・不出人们意料而颇显庸俗以至于像噪音使人充耳不闻。

・把雅虎征婚交友栏目狭隘界定为仅仅提供服务的平台。

・直白,未给网友留下遐想空间。

"相信"之所以成功,因为它有突出优点:

・引发人们驻足思考并扪心自问:"相信什么?"然后主

动填表,设置个人链接,而这些恰恰是最有效的参与形式。

·提升该栏目品牌至产品和服务之上的更高层次,导入了一种积极负责而志向高远的人生哲学。

在伊戈尔看来,这种策略为许许多多的品牌口号所证明为成功,例如:耐克的"努力行动"、苹果的"不同凡想"、房利美的"我们圆你美国梦",或者佳腾的"活在最美好的时光"。

给产品、服务、博客,以及博文提要想个令人欲罢不能的名字,十分艰难,耗时耗力。然而,在营销组合拳中,没有任何事情比一个强烈打动人心的名字更有力量。这如同报纸的大标题:如果它能激起读者的好奇心,人家就会接着读下去。否则,他们的注意力就会转向其他吸引眼球的事情。

以我在托马斯·纳尔逊出版公司的研究作为基础,我知道,给产品命名是最为重要的事情之一。在我们的案例中,产品是书籍。消费者首先会看书名,然后才看封面、封底、勒口,浏览目录和开头几段,以及价格。

无论你提供什么样的产品,名字都最为重要。

那么,取什么样的名字才会使你的产品畅销、博客受人追捧、服务为人欢迎呢?

这里有四大法宝以助你在命名上超凡脱俗,即"PINC":作出承诺(promise)、引人好奇(intrigue)、确认需求(need)、概述内容(contents),至少满足这四者中的一项才算得上是好名字。下面的例子就是力证。

P:名字许下承诺。如:

·《身体四小时:非凡的快速减肥指南、难以置信的性能力,

让你成为超人》（书）

- 《力量 90：托尼·霍顿全身转变 90 天训练法》（光碟）
- 欧米伽猫用洁爪盒（宠物用品）

I：名字激发兴趣。比如：

- 《史蒂夫·乔布斯：最后之事》（电影）
- 《真有天堂：一个小男孩往返天堂的惊人旅行》（书）
- CK 迷情雾喷（香水）

N：名字确认需求。比如：

- "妈咪我在这儿"儿童定位器（儿童 GPS 手镯）
- 真舒缓氨基酸新食品（营养品）
- 《无所畏惧：想象生活中没有恐惧》（书）

C：名字概述内容。比如：

- 校园大垃圾清运公司（服务）
- 《马克·吐温自传·第一卷》（书）
- 乔伊水暖空调有限公司（维修服务）

上述名字有的使用了不止一方面的策略，如"身体四小时"不但作出承诺，同时还引人好奇——怎样才能在 4 小时内重塑身体？

我承认，许多书籍或其他产品完全打破了这些条条框框却大获成功。我记得我们曾经想为唐纳德·米勒的《像爵士般忧郁》（Blue Like Jazz）改个书名，我们的团队深信，作者取的名字太烂，让人完全摸不着头脑。但是唐纳德坚持己见，毫不让步。无奈之下，我们只得妥协。它后来竟然获得极大成功！到目前为止，其销售量已经突破 130 万册，而且每年还在持续销售好几万册。

顺便说说，畅销书作家的博客中，大卫·加芬克尔的《致富广告提要》很值得一读。它基本上是促销各类产品的广告提要板块目录，实践证明，十分有效。

　　总而言之，你应清楚的底线就是：成也取名，败也取名。你所提供的产品、服务、网站，或者博客的名称，既可以成就你，也可以毁掉你，因而值得花时间认真推敲。

七　　好包装十要诀

再说包装。诚然,"人不可貌相",但是不得不承认的是,在现实中人们常常以外观来评定书籍或其他产品的优劣。因此,你必须投入时间和金钱来打造产品包装,这事关成败,不管是宠物玩具、服装,还是书籍、唱片,道理都一样。如果没有一个吸引人眼球的包装,就无法触动别人爱不释手地对其内在光华一探究竟。

这在当今世界尤为重要。如前所述,这是一个竞争空前激烈的时代,市场上日益人满为患且喧嚣嘈杂,你需要在其中倾尽所能方能立足,而包装正是你营销过程中提升竞争力的关键要素之一,是否能够赢得顾客注意,成败在此一举。

我不是装帧设计师,但在我的职业生涯中,曾与许多设计师打过交道。我曾经负责考核聘用他们、评估其工作,采用我认为精彩的设计方案。其间有过巨大的成功,也遭受过严重的失败,我从正反两个方面学习和积累经验教训。

由此,以下10点提示教你如何开发抢眼的包装,从而增加销售成功的机会:

1. **了解受众**。曾经,我要去给大学生讲演,事先请了一家设计公司为我制作幻灯片。结果,我对其设计很不满意。

随后我将幻灯片放给两个与大学生年龄相当的女儿观看，不料为她们深深喜欢，并且后来的事实证明它们在我的听众中同样大受欢迎。总结起来，其中要诀就在于，该设计不是为你，而是为了你的受众。你首先要思考：什么才会让他们欲罢不能？

2. 关注品牌。受众重要，品牌亦然。既要打动受众，又要将自己所要呈现和表达的内涵展示得淋漓尽致，你必须找到其中的平衡点。这就意味着，你要投注更多精力去关注字体、颜色，甚至纹理和材料，因为所有这些都传达着品牌的微妙信息。

3. 留意畅销榜单。经常留意自己所经营产品领域的畅销榜单会让你受益匪浅。你看到了什么最新设计潮流？什么最好卖？留意百强产品并做下记录，比如，当我写作本书时，就曾浏览百强商务书籍并做了大量笔记，这些开阔了我的设计视野，并激发出我的思想火花。

4. 进行必要投资。你没有第二次机会去给人第一印象。如果产品包装看上去很低劣、陈旧，甚至乱七八糟，你的潜在客户就会先入为主地认为该产品也是同样的品质。因此，你要尽可能聘请能力所及条件下最好的设计师，不要为省钱自己操刀（除非你确实是一名设计师）。记住，一个廉价而无效的设计才最为昂贵。

5. 不要指手画脚。不要限制设计师的想象力，否则你就得不到他们的最佳作品。你所要做的只是向他们描述自己的产品和受众，然后放手，让他们一展才华。

6. 多项备选方案。预先告诉设计师，你希望多看几个方案（简言之"综合设计风格"），并希望能够在各种替代方案中挑选取舍。我这样做的结果通常是会喜欢这个版本的字体，那个版本的插图，另外一个版本的颜色。如果你和设计师把自己囿于一种选择，就会发现你常常被捆住了手脚，以至于毫无分歧但寸步难行。

7. 当心画中有话。这里我特指你用来表达思想、讲述故事的插图或照片。就像此刻我坐在办公桌前，上面堆满了书籍，这本的封面是一把椅子，那本是一盘棋，或者是灯泡、落日、大象鼻子。其中有的很完美，有的却让我挠头。如果你要使用图案做隐喻，就要确保自己很清楚它所传递的所有信息，并确认它与产品之间有显而易见的必然关联。

8. 切忌设计至上。我所青睐的设计风格是简单优雅，它们就像是一首伟大乐曲中的鼓点，一旦消失，你会想念。而存在其中时，你又常常忽略。因此，切忌设计风格与主题思想抢夺注意力，以至于喧宾夺主。尤其要当心的是，不要让你的设计需要通过解释才能"搞懂"。在商店里或网上，如果需要有人专门在旁边解释设计理念所表达的意思，对顾客毫无益处。

9. 立体评估包装。当你的设计面临定稿，就要将它置于销售规划预定的各种展品展区加以评估。其中需要注意：该包装在货架上是否会与同类产品"撞车"？主题广告语能否在五英尺外看得清？十英尺呢？在网络环境中又如何？在零售网站上把像素缩至260效果如何？切忌把未经立体评估与环境相得益彰的产品"娶进门"。

10. 征集粉丝意见。如果你有博客、微博，或者脸谱网关注者，可以采取多种方案对其中那些已经成为你忠实粉丝者加以测试。你可以选择调查猴子①之类的服务，在其网站上展示待选封面设计，然后让网友投票表决。我的很多书的封面设计最终定稿即得益于此，我把几张非常好的封面放上调查猴子，创建一个博客发帖区，让网民直接通过我的博客投票表决。有谁能比这些已经在网络上熟悉你的人更值得咨询呢？如果他们能发表评论最好，因为这样你可以得到更多选择或者事先没有见到的东西。这就是最好的众包②！

总之，切莫低估包装设计的重要性。产品上市之时，成败皆由它定。

———

关于如何创造、命名和包装一件一鸣惊人之产品的简短课程至此告一段落，我衷心希望你已坚信成功方程式的第一要素绝对不可或缺。一件令人欲罢不能的产品加上一个有效的平台，等于你已锁定胜局。

———

① 调查猴子，SurveyMonkey，美国著名的在线调查系统服务网。
② 众包，crowdsourcing，亦译大众外包，指企业利用互联网将工作外包出去给网友大众的商业模式。

第二篇
整装待发

八　　承担个人责任

营销企业家尤兰达·艾伦在 Betternetworker[①] 网站上讲过一则趣事,一天晚上,她的女儿马凯拉决定亲自做一些炸薯条以备晚餐。"她不喜欢其他任何人吃自己所做的东西,"尤兰达写道,"尤其是她正亲自下厨要犒劳自己的食物。"故事的发展如下:

于是,还另有活干的她让我盯紧点,一旦有人吃薯条就告诉她。当时我正在一边听一个网络会议,一边做笔记。这里有必要告诉你我从空军退役的原因之一,就是想多陪陪孩子,但我女儿却以为我应当唯其命是从且随叫随到。

那天我超级忙,但是又总是被打岔,因此当她来告诉我盯着薯条时我就有那么一点点恼火。随着脱口而出的一句"马凯拉,我可不是你那薯条的临时保姆",或许我的不耐烦情绪已昭然若揭,以至于你可以想象当时她脸上的表情,一贯话唠的她登时哑口无言。

接着,尤兰达抛给读者一个问题:你对自己的事情负起

---

① Betternetworker.com,是美国一家为家庭企业主提供服务的网上社区。

责任了吗？或者说，你是否也请别人为自己的分内之事做临时保姆？

马凯拉和我们中的许多人都有点像，我们拥有自己卓尔不群的产品——薯条，但是并不想为之承担应有的责任。请允许我向你发问："你准备好了为搭建个人平台去担负起全部责任吗？或者，你是否在计划请一位临时保姆？"如果你迟疑地回答："我想我会负责任吧。"那就问问自己为什么。

你是因为对自己所做之事一无所知而害怕吗？我确信并非只有你会碰到该问题。摆在面前的任务看起来的确十分复杂，令人望而生畏。在本书这部分，我将为你呈上锤子和钉子，以便于你在搭建平台前做到未雨绸缪。

我曾经和许多跃跃欲试的从业者谈过，他们认为可以将相应的责任转嫁给比自己更有经验者，并且思忖着，有经验的人，的确，那正是我所需要的！

但是你必须明白，你无法承担将这种事情交给别人要付出的代价，你必须亲自承担起责任，这主要基于四方面的原因：

1. 没人比你更了解自己的产品。即便你足够幸运，拥有专门的销售公司；或者有足够实力雇用一个专业销售公司。但是对于你的产品或服务的细节，它们都不可能像你那样了解得细致入微。

2. 没人比你更钟爱自己的产品。难道你真的以为会有人比你更在意自己的产品？我对此深表怀疑。你用去几个月，甚至几年时间去孕育新产品，曾几何时，内心深处有声音悄悄劝自己别再发疯，但你一再鼓励自己坚持下去，没有停下前进的脚步。为什么？热爱。你对自己的产品、服务，或者理念满怀激情，并且迫不及待地要与世人分享。

3. 没人比你更在乎游戏的输赢。如果你的产品与成功失之交臂，受雇销售公司会立即注销你的账户，转而进行下一个项目；分销公司将很快用替代品来填补你的产品下架后的空缺；演讲中心会找来其他人取代你来演说既定题目。这就是现实，并非他们冷酷而不在乎你，只是他们不会把宝全都押在你身上，而是选择分项目投资组合的方式来分散风险。与此不同的是，你的命运沉浮决定于当前项目的成败。如果大获全胜，无疑你会赢得这场游戏所有回报的"头彩"；反之，你将承担一切后果。因此，你只能是破釜沉舟，背水一战。

4. 如果你不做就可能没人去做。我很希望事情不是这样，但对我们95%的人而言，事情就是这样。

这就是你必须对分内之事亲力亲为的理由，不要让他人做你那炸薯条的临时保姆。我建议你去好好照照镜子，你双目紧盯的那个人就是你的新任首席销售官。请谨记，己所不欲，勿施于人。只有你对自己的成功负起责任，才能邀请别人与你一起努力。

九　　志当存高远

当你整装待发时，须审视自己的心态。

如果你计划亲任销售总监一职以确保自己所创产品能在市场上一鸣惊人，就必须具备前所未有的远大理想。我曾在自己的博客中指出，在作家、演说家、音乐家等群体中，那些富有创造性的成功人士与那些名不见经传者之间在思维方式上的差别，其中所列举的成功人士的头号特征就是他们敢于放大梦想。几位读者留下评论称，他们也纠结于此。

我当然知道这是为什么。年幼时，父母和老师都讲，我们能做成我们想做的任何事，能成为我们想成为的任何人。但是长大后，同样是这些人告诫我们务必脚踏实地。很快，他们的共同声音会成为我们自己内在的反对派。一旦心中冒出一个远大想法，我们就会告诫自己："拜托，现实点。那根本不可能，必须脚踏实地。"于是，那些念头付之东流。我们却错以为这就是明智。

曾几何时我也一直囿于这样一种思维方式，直到翻开大卫·舒瓦茨所著《大胆思考的魔力》。这本我在20世纪80年代末首次读到的书籍初版于1959年，它深深改变了我的生活和工作方式。自此以后，我就深信，想得远大不是一种天赋而是一种技能——任何人都能够开发出来。它产生于理性思维，继而需要付诸持之以恒的操练,如果你想搭建一个成功的平台,同样需要这一技能。

以下 7 个步骤有助于开拓梦想:

1. 设想成功的可能性。请允许自己去梦想。我记得自己在写第一本书时就是这样做的。我想象自己成为畅销书作家的场景,想象我的书荣登《纽约时报》畅销书名录的情景。

2. 写下自己的梦想。这是把梦想转化为目标的一步。你书写梦想的墨迹未干,美好的事情就紧随其后而来,我并不完全明白为何如此,但是它在我身上一而再再而三地应验。对此现象,亨瑞特·安妮·克劳塞在其引人入胜的著作《梦想见于笔端》中以卢·霍尔兹为例有所解释。

1966 年的一个夜晚,年轻的霍尔兹逐一写下了自己的个人目标和职业目标。那些目标看上去简直是天方夜谭。他囊空如洗,失业在家,妻子即将临产,要生他们的第三个孩子。克劳塞如是说:

> 他的目标清单上有:出席白宫晚宴;上电视节目"今晚秀";会见教皇;当上印第安纳州圣母大学足球队总教练、赢得一项全国冠军、成为年度教练;登上航空母舰一次;实现高尔夫一杆进洞一次;来一次空中机舱跳伞……

如果你打开卢·霍尔兹教练的网站浏览,跟目录同时出现的,还有许多照片——他同教皇的合影、在白宫同里根总统的合影、与约翰尼·卡森在电视节目上谈笑风生。除了这些之外,还有高空跳伞以及并非一次而是两次一杆进洞具体感受的描述。

迄今为止，他已经实现了107项预定目标中的102项。

3. 树立风险意识。这是做事的理性法则。很不幸，人们常常忽略这一关键步骤。在你找到指向成功的路径之前，必须先找出这样做的理由。为什么该目标对你如此重要？成功的可能性是什么？不这样做会有什么风险？要实现目标必须舍弃什么？在前路变得凶险时，你的理性会为你提供智力与情感力量的双重支持，以保证你一往无前。（事实必然如此。）

4. 罗列必须兑现之事。相比仅仅发问如何从你立足之处抵达理想终点的战略问题，我宁愿问我要梦想成真必须兑现哪些事项。比如，我定下荣登畅销书作家名单的目标后，就确定自己必须写出一本扣人心弦的书籍，然后亲自担任该书的主要代言人，并且要见诸各主流媒体，如此等等，不一而足。我带着梦想出发，行动上则稳扎稳打，一路向前。

5. 千里之行始于足下。你所立足之处恰恰是将远大理想转化为日常行动的起点。须知，这里同样是人们通常偏离预定轨道的开始，他们无法把握带领自己实现目标的所有步骤，所以宁愿什么都不做而不是选择尝试。请谨记：你永远不可能从一开始就看清整条路径。重要的是去做下一件正确之事，今天你能做些什么以推动自己接近梦想？

6. 明确实现目标的时间。有人曾说，目标只不过是附着了最后期限的梦想。最后期限是使梦想具体化的途径之一，更确切地说，它事关是否能超越梦想。最后期限能激发紧迫感，促使你尽快行动并迫使自己为每一个阶段性目标制定明确的时间表。（如果你身陷困境，就问问自己，如果我此刻一蹶不振，最糟糕的后果会是什么？）

7. 每天检查目标。我写第一本书时,每天都会检查自己的目标,并为之祷告。我坚守今日事今日毕的原则,确保每一天的计划变成现实,这一习惯使我不至偏离中心,尤其是在梦想似乎遥不可及之时——出版商来电话撤销合约、公关人员告诉我无人对该书感兴趣,直到它登上畅销书名录并且被出版商售罄。(顺便说一句,这些都的确发生过。)

不要在意那些打着"你要现实点"的幌子来对你冷嘲热讽的闲言碎语,对其就当耳边风。你可以以事情的本来面目接受现实,同样可以按照自己的梦想创造现实,这就是梦想的本质——理想远大些。

十　　明确平台目标

当你开始考虑搭建一个强有力的平台时，能否对其将成为的样子进行详细描述？此时你所能做的最重要的事情之一，就是让成竹于胸的计划跃然纸上，而这是保证良好开端的要诀。

多年来，我都把自己的目标写在黄色便签簿上、黑色笔记本中，或者专门的目标设置软件里，现在则置于一款名为"全能笔记"（Evernote）的数字应用程序。下面是我过去40年里写下的几个目标：

- 娶一位健康、有爱心而又热情好客的女士为妻
- 年收入10万美元，做我爱好的事
- 体重减轻25磅，跑完半程马拉松
- 写一本《纽约时报》畅销书
- 成为托马斯·纳尔逊出版公司首席执行官

当然，现实是大多数人嫌麻烦懒得去写下目标，反而漫无目的地随波逐流，然后又想知道自己的生命为何缺乏蓝图和意义，我并不是说把目标诉诸文字就万事大吉，绝不是这样。但是写下来就是成功的开始。

我之所以强调这一点，有以下5个原因：

1. 帮你理清计划书。《抓住你的财富》（The Total Money

Makeover）一书的作者戴夫·拉姆齐致力于帮助那些想无债一身轻的人们明晰自己的目标。每一笔信用卡消费，每一笔汽车贷款，支出的每一元钱都必须写下来并持续跟踪。为什么？它可以迫使大家对自己的目标了然于胸。拉姆齐称之为"瞪羚强度"。

他使用该词的灵感来自于观看一期猎豹捕食瞪羚的电视节目。虽然猎豹是陆地上速度最快的动物，但其捕获瞪羚的成功率仅为十九分之一。"在我们事务所，"他说，"理财顾问基于'瞪羚强度'的情况，能够预判谁会摆脱债务。"写下平台目标有助于你理清工作步骤，并使你拥有达成目标的"瞪羚强度"。

2. **激励你采取行动**。写下平台目标只是开端。你必须驾驭这些目标并付诸行动。我的经验证明，写下目标并定期检查，能够促使我尽快投入下一步最重要的行动。

3. **帮你过滤机遇**。你越成功，机遇越会如潮水般涌来。事实上，这些新的机遇会很快使你分心，以至于偏离预定轨道。对此，我所知道的妙方就是保有一份书面的目标清单，并用它来评估这些新机遇。

4. **助你克服阻力**。每一个有意义的目标都会遇到阻力。从设置目标那一刻起，你就会开始感受到它的存在。但是如果你把注意力集中在阻力上，它只会变得更加强大。我发现，克服这种现象的唯一办法就是专注于目标。对此，史蒂文·普莱斯菲尔德的《干你的活儿》(Do The Work) 是必读之书。

5. **为你适时庆祝**。看不到进步，生活就很艰辛，你会觉得自己无路可走。而白纸黑字的目标则犹如高速路旁的指示牌，使你能够看清自己已经走了多远，还有多长的路要走。它们也提供了一个机会，让你实现每一个目标时适时为自己举杯庆祝。

　　写下平台目标无需太长时间，不要过多考虑过程。只要把事情写在纸上，并在行动过程中加以完善。我认为，你会发现，其回报远超你的付出。

第二篇
整装待发

十一　　创作电梯演讲

良好的开端是成功的一半。对你我而言，一个良好开端的重要组成部分在于将自己的理念（产品、服务，或者事业）了然于胸。因此，你需要创作一场"电梯演讲"。它是你的产品简介，其中包括你的目标市场（最可能成为你客户的人群）以及你的价值主张（可以提供给客户的要素）。

电梯演讲一词产生于一种理念，就是你能够在搭乘电梯上几层楼的时间里，进行一场简短而又令人印象深刻的演说以描述自己的产品，而这一切需要在大约30秒到2分钟内完成。

随着网络的发达，过去数年颇为重要的电梯演讲从有形的电梯转入无形的网上空间，更显示出其独特效果，因为网上你要抓住一位潜在客户的注意力，所需时间比电梯更短。大多数人能够集中注意力——短期刺激反应——的时间段非常短暂，完全不走神的时间最多不超过8秒。

如果你尚未进行过一场激动人心而又简明扼要的电梯演讲，你将失去与潜在客户接触的机会，进而丢掉业务。你为何要在自己开启构建平台的目标前就为之设置障碍呢？

作为高管培训公司平卡斯集团董事长的艾琳·平卡斯，听过许多电梯演讲。几年前的一次会议上，一位年轻女商人凑近平卡斯，向她推介自己以及自己的网络构建服务。"她激情而自信,"平卡斯说,"但是当听完她几分钟里对自己具有竞争力的价格、创造性和一些客户予以描述后,我说:'我听说过诸多服务方案,很难分清你与他们有何区别。你认为自己的工作能够给像我这样从事服务行业的人真正提供什么?'"

这个问题一下子使这位年轻女士手足无措。"她承认自己无法提供答案。这是诚实的回答,但不是一个能够实现其赢得回头客这一目标所需的第一印象。"

拥有成功平台的人士会经常不吝时间用以推敲和练习电梯演讲,这一步利害攸关,一旦成功并与潜在客户建立联系,就赢得了采取下一步行动的机会,也许是潜在的产品销售,抑或是研讨会预约,或者是出席演讲会的时间。否则,他们会像艾琳·平卡斯所遇到的那位女士一样,要重新接受培训。

为什么你需要一场电梯演讲?有以下3条最重要的原因:

1. 迫使你理清自己的思想。曾经身为出版商的我,在多年的工作经历中不知道与多少无法概括自己作品主旨的作者谈过话,他们本应该在创作之前就理清自己的思想,事实上却并未这么做。其实,你起码应该做到的就是能够简单介绍自己产品的功用、服务的内容、研讨会的要点,诸如此类。否则,你只能不断地吃闭门羹,被人拒之门外。这就是为何在做其他任何事情之前,你都必须为一场清晰的电梯演讲而奋斗的原因。

2. 有助你理解顾客的想法。如果你试图与潜在客户建立联系,就必须站在他们的立场上来看待自己所提供的东西。而且,你还必须了解他们的难题、他们的忧虑、他们的希望和梦想,只有这样,你的产品对他们而言才具有了让其欲罢不能的吸引力。

3. 供你赢得战略合作伙伴。任何重大事情要想有良好开端，都需要帮助。你不可能独揽一切，不论谈判对象是出版商、唱片公司、经纪人、广告商、零售商，或者赞助单位，你都需要能够迅速阐述清楚自己的理念，只有这样你才能让潜在的合作伙伴决定是否能帮助你。

相信到此你对于电梯演讲已有充分认知，但是如何才能写出一份精彩的演讲词呢？前提是你要清楚它会由于产品类型的不同而彼此有别，信息产品（例如非小说类书籍、演讲、咨询服务，等等）与文娱产品（例如小说、影视剧本、戏剧，等等）之间就风格迥异。注意我这里使用"产品"一词，指的是你所付出创造性劳动的成果，而不论它以什么形式呈现。它可以是一种实体，也可能是一项服务，甚至是一种事业。

信息产品的电梯演讲应涵盖四个要素：产品名称和类别；你要致力于解决的问题；你所能提供的解决方案；该方案的关键作用。

下面我将以为本书所做的演讲现身说法：

我正在写作一本名为《平台》的商务书（要素一）。该书致力于为那些试图让自己的产品、服务，或者事业引人注意的人们提供方案（要素二），以指导他们如何使用社交媒体和其他新技术，建立起忠实的客户群（要素三）。我确信书中所述方法前所未有的简单，花费也寥寥，并且更具实现的可能性（要素四）。

文娱产品的电梯演讲同样有四个要素：产品名称与类别；主人公的抱负；他或她遭遇的矛盾冲突；故事的现实意义。

下面的例子来自于当代作曲家埃里克·惠特克所推进的一项虚构题材项目：

我正在拍摄一部鼓舞人心的名为《雷雨》的纪录片（要素一）。它是关于一位才华横溢的年轻人梦想成为交响乐指挥家的故事（要素二），但是问题在于他不识谱，以至于音乐界无人愿意为他提供机会（要素三）。然而，凭借自己的真诚、乐观和勤奋，他最终实现了梦想（要素四）。

当然，演讲词要根据你自己产品的不同而有极大变化，但是，万变不离其宗。无论怎样的形式你都必须保证自己的创作思路清晰且让人印象深刻，这是吸引合作伙伴并实现成功愿景的先决条件。

顺便说一句，电梯演讲稿拟就以后，不要让它像一只鹦鹉，只会机械重复。相反，要像迈克尔·波特在其杰作《让订单爆棚》（Book Yourself Solid）第四章中所建议的那样：把它当做深刻沟通的基础。

十二　　建立品牌工具

如果你的生活中有一位勤杂工，他或她可能已经拥有一套莱泽曼组合工具。但是，如果你想送他一套特别的礼物，18K金限量版的戴尔·雷·莱泽曼工具无疑是上乘之选，这套工具由艺术家艾德里安·帕拉罗尔斯创造，售价只有四万美元整！如果你像我一样错过了举世仅有的25套中的一套，别着急。你在精心准备打造的平台和个人品牌同样需要绝世无双的组合工具，而它只是形式上有别于莱泽曼罢了。

你或许忽略了手头现成的简易工具。的确，如果你是有心人，每一个接触点都会是创造积极品牌印象的机会。

在此为你提供5个基本的个人品牌工具，以便你在未来必须使用复杂的"莱泽曼组合工具"之前预备操练到位。

1. **电子邮件地址**。有一天，我收到一封邮件，发件人自称社交媒体专家，擅长打造个人品牌。唯一的问题在于，他所使用的邮件地址有点像以aol为域名的落伍邮箱，这立即打消了我对他的信任感。

如果你在使用aol电子邮箱，从此打住，没有什么比它更像是在尖叫地宣告："我陷入90年代不能自拔了！" yahoo和hotmail存在同样的问题，唯一的例外是Gmail，你可以采用姓名作为用户名来使用 Gmail 邮箱，这样看起来一定会比 lovecat23 这样的用户名更专业。

最佳方式是每年花费一二十美元买一个专属自己的域名，然后注册一个以自己的姓名为用户名，配搭专属域名的邮箱，这会给人以积极进取、强劲有力的品牌印象。

2. 电子邮件签名。这是另一种创造品牌形象的机会，但是需要使用得当，如果其中涵盖了过多信息，就会变成粗制滥造、大而不当的广告。相反，如果包含的信息过少，你又会失去一个绝佳的机会。

问问自己，人们真正需要从你这里获得什么信息，或许是你的电话号码，但抑或不需要。（我不公开自己的号码，因为我不想让那些还不知道我号码的人打电话过来。）

签名中附上自己的博客或者网站链接，并与社交媒体简介做一关联，或者提及你的最新项目（适可而止，切忌过头）。除此之外，我还在最后加上了一份免责声明。

下面是我目前使用的签名格式：

————————————

迈克尔·哈耶特

————————————

博客 http://michaelhyatt.com

演讲 http://michaelhyatt.com/speaking

微博 http://twitter.com/michaelhyatt

脸谱网 http://www.facebook.com/michaelhyatt

谷歌+ http://gplus.to/michaelhyatt

:: 此邮件未经许可不得公开发表（博客和微博均在此列）。

（在此为签名末尾的免责声明谨向塞思·戈丁致谢。）

3. 商业名片。这是另外一种打造有力品牌形象并传递重要信息的方式，富有创造精神的人所使用名片的方式往往令人吃惊。但是要掌握好分寸以免过头。

名片中需要传递的基本信息应包括：业务标识、姓名、联络信息，或许还有一条口号。其中，务必附上个人社交媒体链接网址。我曾经看到有些名片只留下个人微博用户名或者一个网址。这同样有效，具体内容取决于你的目的。

你也可以使用诸如 Photoshop 或是我一直钟爱的 Acorn 软件亲手制作名片。（如果你想用专业的软件程序，可以试试"商务名片设计师"。）如果你想激发自己的创造力，可以登录一家名为 CardFaves 的网站，那里有成百上千种颇具独创性的版式供你大展身手。

4. 网站。现今这个时代，网站无疑是你可以拥有的最重要的品牌工具，这是大多数人与你不期而遇的首要途径。在此他们形成对你的认知，因此你必须用心做好。后面我将用几章内容专门谈论这个问题。

如果你出得起钱，就雇用一位网站设计师，告诉对方你想要传递的信息，写下你希望访问者用以描述自己的关键词，注意颜色和字体，这些都是很微妙的交流方式。

如果你囊中羞涩不足以支持自己聘请设计师，至少要以专业而独创的"主题"或者外观作为突破口。当我把网站迁至 WordPress 后，就开始使用 WooThemes。我的家人和朋友则使用 ElegantThemes。目前我情有独钟的是标准主题定制版，你可以只花费 50～100 美元就能买到一个非常棒的主题。

5. 社交媒体简介。一旦拥有自己的博客或网页，你就要想方设法整合尽可能多的主题元素以融入自己的社交媒体简介，微博、脸谱网、播客网（YouTube）等网站均允许用户自定义背景图像和其他要素。

这样做的目的是让你的粉丝和追随者有一致的品牌体验。在每一个平台上使用同样的商标、颜色和字体，可以使得他们乍一看见你的社交媒体简介元素，就马上知道这是你的主场。

我用了几百美元聘请 Tweetpages 为我的社交媒体平台量身定做了一套自定义背景。对于这样高端的平面艺术家，真是物超所值。尤其难能可贵的是，我体验到了前所未有的一流客户服务。

上述 5 个工具对打造积极的第一或第二印象大有裨益。千万不要以为它们互不相干，相反，它们是你整体品牌管理和平台构建过程中的组成部分。令人欣慰的是，虽然你不曾拥有一套限量版的黄金莱泽曼工具，但是本章所提供的这些工具却不会耗费你 4 万美元大钞。

十三　　组建工作团队

尽管你就是那个必须为自己搭建的平台负责的人，但依旧需要一个团队。你不可能孤军奋战，毕竟这个工作量过于庞大，因此可以从小处着手，但是必须适时招贤纳士来帮助自己实现目标。在扬帆起航之前就要将此纳入计划之中，并且要保证其尽可能完美。

在《突破自我》（Get Off Your "But"）一书中，其作者西恩·史蒂芬森分享了如何像高速赛车一样组建团队的理念。这对试图做好职业生涯规划的你是一个不无裨益的贴切比喻。从本质上讲，你就是赛车手，你的理念与产品就是赛车，你必须对结果承担起个人责任，但是如果没有后勤保障团队，你将行之不远。

一场高速车赛，后勤保障团队负责使赛车一直保持最佳状态，保证每一个环节都良好运行，每一个人都有精确的职责定位。这可以将赛车手释放出来去专注于唯有他或她能完成的工作，即在比赛中取胜。整个团队的责任在于保证赛车以最佳竞技状态驰骋于赛道。

同样的道理适用于构建平台。你需要保证每个人都有职责定位准确的团队，以保证你将比赛状态发挥至最佳。而要搭建这样一个平台，你需要招募以下几类队友。

行政管理

行政管理可帮助你摆脱闲杂事务从而专注于自己最擅长之事：创造。有些时候，你可能需要聘用以下人员中的一位或者多位：

• **助理**。把自己宝贵的时间花费在处理邮件、安排差旅、反馈会议请求之类事务上，真的值得吗？处理这些事务无需全职，我通过 EAHelp.com 聘用了一位助理，每周工作 15 个小时。事实证明，该决定让我幸福无比。

• **簿记员**。仅仅由于你会整理自己的账目就意味着你必须这样做，它也会夺去你的创造性思维时间。同样，你可以雇用兼职人员来处理此事。我聘请人每月用几个小时来帮忙打理。和助理的职能一样，他使我得以抽身专注于自己能够做的事情。

• **律师**。越是成功，你越是需要一位品格优秀、专业可靠的好律师。然而，并非所有律师都一样富有创造力，你需要的是精通知识产权领域的律师。

职业经理

所谓职业经理是指那些帮你全面打理事业，并助你开发平台的个人或公司。这方面你有两种选择：

• **自任经理**。几乎所有创意人员都走过这条路，实际上，你就是自己的"总承包人"，管理自己的三头六臂。有时候，这样做会使你分心，占用你的创作时间。但同时，你必须担负起这些责任。这不是你的文稿代理人、经纪人，或者其他专业人士的职责。

• **个人经理**。最成功的创意者会雇用个人经理来对自己的职业发展实施监督。利好的一面是，通常你只需支付自己收入的一定比例给他即可（或许更有利的是，总利润分成）。所以，只有你赚钱更多，经理人才能挣钱越多。但是，这里有一个问题，就是你很难找到富有经验、既能胜任工作又值得信赖的人来担任此职。

专业代理

代理人与经理人不同，他们在工作中代表你与潜在客户接触。或可比照销售人员对其做类似定位。一般而言，他们向经理汇报工作，是联系你与你的信息传播对象之间的纽带。你需要聘用一位能够很好代表自己的人来担任代理职务，因为别人正是通过与代理人的交流互动，而形成对你的印象。

• **文稿代理**。作家必须有文稿代理人。否则，你通常连出版社的门都无法进入。或许你要问为什么？因为传统出版商用代理人作为过滤器来去芜存菁。同时，他还可以在合同谈判过程中向对方施加必要的影响。纵使出版商无意于占你的便宜，但他们自然而然地要专注于自身利益。

• **经纪人**。演说家和艺人必须有经纪人。一位优秀的经纪人能够使你联系上以其他方式无法接触上的专业活动策划师。并且，他通常能够为你争取到你自己无法获得的高报酬。（大多数人都不善于自我营销谈判。）他或她还能确保你的知识产权不受侵犯，并保证你所需的设备品质（如音响、灯光，等等）尽善尽美，进而使你的演出效果发挥到极致。

・**广告代理**。无论身为作家、喜剧演员、演说家，还是其他创意人员，你总会有需要广告代理的时候，尤其是要发布新产品时更不能没有他们。与文稿代理和经纪人不同，大多数广告代理是根据酬金数额工作而并不收取佣金。不过，他们通常以单个项目受雇。

创作人员

创作人员即可以帮助你进行内容创作者。他们的确能够为你提供帮助。不过，我劝告你务必做到一点，就是不要让他们代替你创作。

・**辅导老师**。世界早已变得拥挤不堪，无论你想去任何地方，那里均可发现人迹。同样的道理，你想从事的任何行业，都会有探索者作为榜样，也会有前车之鉴。在这些人当中，会有一些已然成为技艺娴熟、经验丰富的教练。我曾经请过他们来帮助我在特定领域的工作更上一层楼。比如，你也许会考虑聘请一位写作辅导员、演讲指导老师，或者是声乐辅导专家。这些花费寥寥，并且可以临时聘用。或许你只是需要有人助你一臂之力突破瓶颈，在能力上跨上新的台阶。

・**合作团队**。这一团队将帮助你将自己的产品打磨得适销对路。他们可能是编辑，也可能是代笔的枪手，抑或介于二者之间。如果你在制作音频或者视频节目，他们有可能是制片人或者视频剪辑。选择无限，重要的是你没必要凡事亲力亲为。聘请专业的制作人、编辑、文案，或者其他行业的专家来督导你的工作，以确保你的事业一往无前，无疑是精明之举。

出版商

出版商是能够帮助你把产品推向市场的个人或者公司。出版（publish）一词的原意是"广而告之"，相应地，出版商就是要做这类事情。他们或许是一个书籍出版人、影像发行，或者是网上分销商。或许，他们所做的工作你均能驾驭（比如，自行出版）。但无论如何，你不得不把出版商吸纳入自己的团队。

总而言之，基于以下我将给出的三个利好结论，如果你非常希望让自己的工作有实质性的飞跃，就需要着手组建工作团队。

这三个结论是：有助于你建立前所未有的社会关系；发挥杠杆作用，使你的影响力最大化；帮助你从琐碎事务脱身，而专注于擅长之事。

或许你不得不从小处着手（人人皆然），但是本节内容将有助于你区分轻重缓急，使你能够组建取得理想成就所需要的团队。

十四　　找到最佳代言

　　为你和你的产品、服务精选代言，是搭建强有力的平台不可或缺之举。代言被广泛用于各种形式的市场营销，自然有其道理，因为它们可提供第三方认证并树立社会权威，使得潜在商品把关人和顾客更容易心动并予以认可。

　　网络时代的任何产品信息都无法隐藏，因为顾客可以自如访问社交媒体、评论网站和围绕产品的大众评点，这些意味着我们在购买商品或服务时，越来越多地受到别人的观点影响。一旦其中有几位你所尊敬的人推荐一件产品，你或许会仅仅凭这一点就当机立断决定购买。

　　事实上，最近你自己可能就代言过某些东西。如果你曾在脸谱网上点击过"喜欢"，你就已经对该事物做了一次有效代言。2011年12月来自Reverb Nation和数字音乐新闻的联合调查显示，类似简单的点击行为实际上蕴含着强大的证明力。在调查中他们发现，音乐家们普遍认为，脸谱网上点"喜欢"的比率（48.13%）能产生三倍于电子邮件注册（14.03%）的价值。他们同时还对播客网频道用户（15.90%）和微博粉丝（14.45%）做了相似对比。

　　使用并依靠代言在日常生活的点滴间几乎已司空见惯。为什么？因为这是一个选择泛滥的时代，很少有人有时间对每项

第二篇
整装待发

选择进行自我评估,因此,只能依靠那些值得信赖者所做推荐来做决定。这样一来,就可以降低风险并且有助于我们迅速做抉择。

如果你正打算构建一个成功平台,以上就是你绝不能忽视代言的原因,你必须尽力为自己所创造的产品和服务找到最佳代言。诚然,这一过程有时候相当艰难且空耗时日,但它对于你所需要的知名度与可信度可谓生死攸关。

代言可分为两种类型:名人代言和用户评价。

前者并不意味着必须是影视明星。他们可能只是某个具体领域的知名专家,譬如,如果我想买一双新跑鞋,看到了克里斯托弗·麦克杜格尔的代言,就会心有触动,因为他是赤脚跑步研究的权威。

至于后者,同样重要。我想知道平民百姓对于产品或服务的直观感受如何。名人为产品或服务做代言往往出于多种动机,但普通大众的代言则可能更显公正。

顺便指出一点,就是一些普通用户的差评同样能起到帮助作用,如果所有用户都给予好评,反倒会让人怀疑,如果其中夹杂着一些差评,我会认为它们都很诚实可靠,反过来更相信那些好评。

那么,如何才能获得代言呢?我推荐以下5个步骤:

1. 打造一流产品。对于这一点,我在前面用了整整一篇的篇幅详加论述,但在此仍然值得重申。人们不会代言平庸产品,因为他们付不起其中的代价。其理由在于个人品牌会受到各种负面因素的重创。因此,你必须致力于打造上品。(注意,这里我并未提及完美。只是尽自己最大的努力去做，然后才发布。）

2. 拟订候选名单。你所希望做代言的理想人选是谁？不妨想大些。（我写作电子书《如何制定人生规划》时，拟了一份40人名单，最终得到了其中25人的代言。）问问自己，谁是我所从事领域的公认权威？不要因为你认为自己无法接近某人而迅速剔除他的名字，你有可能不认识这位目标代言人，但是你的熟人中或许有人认识。

3. "蔓引株求"。万事开头难，迈出第一步总是备感艰辛。有时候，目标代言人需要通过别的代言人使自己对你的产品放心。

我审视自己的电子书代言人候选名单时问自己："基于我们之间的关系，谁最有可能答应为我代言呢？"根据答案我找到此人请他代言，果不其然，一切顺理成章。我在其他请求当中都附上这份代言。（它同样给了我勇气去请求别人的代言。）既然已经有人打了头阵，其他人很容易就心安理得地接受了我的请求。

4. 征求代言。向目标代言人发出请求时，不要拐弯抹角。须知，这些忙人根本没时间阅读冗长的电子邮件。所以要开门见山，直奔主题，另外，试着问问他们何时方便。比如，我总是在履行完一份演讲协议后就要求对方出具一份代言（我常常需要征求演讲代言），这样做是趁热打铁，因为他们对我的印象还很鲜活，尚未被别的事务搅得心烦意乱。

5. 按图索骥。征得目标代言人同意后，就提供给他们一份详单，其中包括你的产品简介，或许还附带一份样品。然后再送给他们一件完整的产品，告诉他们你正在寻找什么样的代言，越具体越好。

第二篇
整装待发

我总是告诉他们自己只是需要两三句评语。他们会写出很多，这样做在情理之中。然后，我从中确定一两份可供使用的代言提供给其他人，并明确最后期限。一般我会把期限确定为一周之内。根据我的经验，限定的时间较短反倒赢得代言的可能性更大。

记得做一个感恩的人。在获得代言之后别忘了对代言人表达感谢。然后将其突出展示于产品上，并贯穿于营销过程始终。我还要像在影棚里剪辑电影一样，把代言提炼成短小精悍的音频片段。

例如，我在哥特金属乐队演讲结束后，主办人、畅销书作家泰德·德克尔致辞表示：

如今二三十岁的人们，整日被铺天盖地的信息和林林总总的娱乐消遣所淹没，使得他们成为不易被取悦和满足的群体。迈克尔的主题……像一道纯净的亮光，劈开现实混沌，于声情并茂之中，展示了一位优秀演说家打动人心的美好力量。这是一场观众翘首以待却又机遇难逢的演讲。

我在自己的网站演讲页面的侧栏全文照录了这段话，然后又用"一场观众翘首以待却又机遇难逢的演讲"作为广告正文。如果你把这些都串联起来，创造的效果就与电影工作室以其自身的营销材料创造的效果完全一样。

最后强调一句作为结语：不管你的产品是否能够赢得产品把关人、引领时尚者以及目标市场的注意，是否使用代言会让结果出现天壤之别。花点时间做到这一点，完全值得。

十五　　自我形象代言

当你要搭建属于自己的平台，一张自己的照片将不可或缺。个中原因在于人都是群居的，天然地希望与别人建立联系，而绝不仅仅限于品牌、产品，或者各种事件。

恰如其分的照片有助于树立信誉，赢得信赖，并且最终达成共识。如果你从内心深处渴望把自己的产品售出，这些正是在社会公共媒体世界中错综复杂的各种关系之间建立联系并有效沟通的核心与本质。

关键在于要有一张恰到好处的个人照片。这并非需要你用图片处理软件制作出帅气迷人的风采照，而是要拍摄出真实可信的自己，恰如那些最熟悉了解你并且和你一起共事的人眼中的你。

下面是我所提出的一些具体建议，供你在为自己的产品、网站，或者其他营销材料提供照片时参考。

1. **摄影师务必专业**。切忌随意地请家人或朋友为自己拍几张快照应付了事，但是也不要满足于那些图片制作公司。相反，你要亲自上网去了解自己所在城市肖像摄影行业的情况，浏览其中所提供的图片文档和样本，并征求本地照相馆的建议。这些预计的开销约为几百美元。

2. 明确各项权益。事先一定要谈妥关于双方权利的各项条款，并诉诸文字。不要一时马虎，结果导致自己在不同场合使用照片时都要付费。一些高端摄影师在这种条款上会比较苛刻，不愿让步，那么你就要继续寻找。摄影师多如海沙，找到愿意按照自己希望的约定条款合作者并非难事。

3. 走出摄影棚。我知道有些人会对此表示反对，但是一个不争的事实就是摄影棚里拍出的照片会显得十分呆板。相反，如果你选择在自己草坪，或者其他熟悉的环境中拍摄，结果就会生动有趣许多，会融入更多个性色彩，进而产生非凡效果。

4. 穿着得体。牢记一点，拍摄的焦点在你的脸上，而不是在衣服上。因此，至于我所强调的"得体"，意味着你的衣着既不要过时，又不要过于新潮。通常拍照之前我会问自己，穿什么才会使我十年后不觉得尴尬？在拍摄过程中，你甚至可能需要把几个衣柜中的衣服全都试穿一遍。

5. 多多益善。你所需要的绝非一张固定模式的摆拍照片，而是需要更加自然、能够充分展示个性特点的那种。因此，拍的照片越多，就越有可能找到自己所需的效果。优秀的摄影师可以在一个小时内拍出数百张照片，有时甚至会更多。

6. 直视镜头。拍照的实质是通过图片与人沟通，其中的意义就像与人初次见面时直视对方眼睛一样。"眼睛是心灵的窗户"在此使用尤其显得贴切。至于演讲和表演中所平拍的照片则另当别论。但是，要真实折射自己的内心，这些都与拍照技术无关。

7. 笑容满面。这里绝非指那些以夸张、僵硬的笑容勉强在脸上维持两秒多钟的强颜欢笑，自己都不舒服，遑论别人。我所说的是一种从嘴角和眉目间自然流露出来的微笑。（生理学家有时将此称为"杜兴式微笑"。)不管怎样,你都更希望被人喜欢和接纳,这一点比任何看起来很专业的拍照技术都来得重要。

8. 精剪照片。受众只想看到你的面容就够了,没必要看到你的全身甚至上半身,所以,拍照时,可请摄影师把背景打暗或者模糊处理(行内叫背景虚化)。这更能突出显示你的面容。

9. 精挑细选。从众多照片中选出一张最中意的,将其用于产品、网站上,并且可作为标准像用于所有社交媒体的简介当中,以保证统一的品牌形象。另外还要挑出几张备用,好让你的战略合作伙伴有所选择。我在网站的促销资料页就放了一些,一旦有人需要照片,我就让他们直接去那里找。

以上所述并非铁律不可更改,这些仅仅是建议。当你为着某种特定目的使用照片时,也可以完全将其抛诸脑后。

最后,每隔几年重新拍照是个不错的主意。否则,当别人眼中真实的你比照片老了十岁,他们无疑会吃惊,进而还会导致其对你失去信任。

十六　巧用网媒工具包

无论你的产品是书籍、磁带、光盘,或者只是个人博客,从出炉到被市场接纳之间,都会有一个时间差。别忽视这点时间,它是供你把一切安排得井然有序,并整装待发的绝佳时机。

其中你首先要做的,就是创建一个强大的在线媒体工具包。该工具包其实就是你的网站或博客页面,是你希望把一切关注你和你产品的人所送达之地,不妨称之为"网上会客厅"。这些人中有战略合作伙伴、媒体制作人、产品评测员、活动策划师、公关专家、超级粉丝,等等。搞得简单些!你的媒体工具包实际上是专门设计出来的一个资源页面,旨在用大家所需的工具来装备他们,进而让他们帮助你释放信息。(它同样有助于你掌控好自己的信息。)

这一工具包通常包含以下8个组成部分,你也可以将其拆散,根据需要分置于不同的单个页面。本篇结尾我将提供一些范例。

1. **大标题**。要确保其使所在页面内容一目了然,尽量简洁明了,就像产品的名字或者"在线媒体工具包"这样的词组。

2. **导航栏**。设置该栏目的目的在于为受众提供目录,以便于他们可以总体把握页面内容、迅速进入自己最为关心的部分。我在自己的演讲页面就采取了这种做法。尽管它本身并非完整的媒体工具包，但是可以为你提供一些理念。

3. 联系方式。媒体、活动策划人以及你的粉丝往往希望找到你的联络信息，因此，务必做得醒目而简洁，并置于页眉附近。针对媒体、活动策划或者预约请求、书籍的审阅底稿请求、粉丝提问，以及其他各种咨询，要分门别类，有针对性地留下相应联系人的联络信息。

如果要告知电子邮件地址，需设置链接并予以编码控制，以免太多垃圾邮件侵入。同时还要列出你的社交媒体简介链接，包括微博、脸谱网、商务关系网（LinkedIn）、谷歌+，诸如此类。

4. 产品信息。将产品的所有基本信息归纳整理置于一处，不要让读者四处寻找。其中包括：

·销售文案。同时提供一短（100来字）一长（300～500字）两个版本的销售文案。以彭博传媒为例，其短文宣称："全球商务精英信赖彭博胜于其他任何信息来源。"长文则是：

彭博是值得信赖、不可须臾或缺的全球最大最强企业高管信息来源与分析报告网络。在技术手段、分析能力、信息获取与传播等各个方面，彭博通过努力革新、研发升级，创建成为世界一流、覆盖所有媒体的通讯社。我们的2300位媒体专家、146家分社分布于72个国家，在新闻现场第一时间发出最有价值的报道。

·产品规格。简单列出产品规格或者其技术规格。例如，一顶科勒曼户外（Coleman Sundome·4）品牌的帐篷，需列出：

重量：10.2磅

底面：中国制造，聚乙烯，每平方米1000D-140g，保质期一年。

第二篇
整装待发

· 产品款式。列出并链接产品的所有可用附加款式，以及一切辅助产品：高级版、签名珍藏版、光盘学习材料、商品、指南手册、研讨会、会议信息等与初始产品密切相关的一切。

前述科勒曼户外品牌的帐篷，其辅助产品就有帐篷修理工具包、CPXTM6 发光帐篷风扇、CPXTM 4.5 二极管帐篷灯，以及 Sundome 2、Sundome 3、Sundome 6 系列帐篷和 Sundome 6 精英帐篷。

· 产品照片。要提供不止一张照片，最好是拍摄自各个不同侧面，制成 3D 图片。我使用一个叫做 Box Shot 3D 的程序，它功能强大，使我能够创作出这样的产品效果图：

· 产品预告。首先是电影预告，接下来还有音乐视频。现在，演讲、产品展示、书籍等，都有相当优秀的预告片。实际上，一些人制作的预告片还不止一部。要确保将这些预告片上传到像 Vimeo（我个人偏爱）或者播客网一类的网站上，使阅读该页的人能够将其嵌入自己的网站或者博客上。

· 个人介绍。提供一短（100 来个字）一长（300 ~ 500 字）两个版本。不要搞得像是个人简历，只需列出本页读者感兴趣的内容。

· 个人照片。提供几幅大小不同的各式照片。我提供的有标准像、休闲及运动照。

· 产品代言。可以列出所有名人的代言。尽可能保证相关的重量级人物都出现在此项列表中。如果做不到，就展示能让人留下深刻印象的资格证书。如果还是不行，消费者的代言也远胜于无。至于取得代言的途径，第十四节已有详述。

5. 销售信息。大多数读者对你销售战略中的每一个细节并不全部感兴趣。然而，当你亲历现场（例如演讲、演唱、演出）或者举行媒体见面会（如广播电台、电视、网络直播聊天、博客访问），专业人员和粉丝双方都会兴致盎然。

·出席现场。将你近期的演讲会或者演唱会列表公布，并且提供链接，使读者能够获得更多信息。下面的绝佳范例来自于肯·戴维斯个人网站：

作为畅销书作家、电台和电视台的特约主持、全国最受追捧的灵感与励志演说家之一，肯将滑稽幽默与鼓舞人心有机结合，使各个年龄段的听众在捧腹大笑之中都受益良多。他的书籍赢得全国一致好评，并荣获"年度书籍奖"和金奖章奖。其演讲视频和音频光碟都持续热销。

戴维斯一直是数百家社团活动的主讲嘉宾。他是"承诺守信活动"主讲、"聚焦家庭"节目特邀演讲嘉宾。在他的帮助下，全世界成千上万人得以走上讲台。作为动态通信国际的总裁，他向政府官员和企业高管教授演讲技巧。他的每日广播节目"轻松一下"在美国以及全世界1500个电台播放。

2月24日	华盛顿州，摩西湖，神召会	售票
	"活着"戏剧音乐会	
7月19日	印第安纳州，西普谢瓦纳市，蓝门剧院	售票
	和谐家庭戏剧之夜	
7月26日	科罗拉多州，科罗拉多泉，关注家庭校园	售票
	家庭教育与装饰	

・媒体见面。把你近期将要举行的媒体见面会详细列表公布，以使制作人、活动策划师，还有你的粉丝得以调整时间参与。同时，也可以把你从前的媒体见面会精编成为集锦加以展示。

6. **访谈资源**。要做得简单方便以利于制作人与你预约，就需涵盖下列内容：

・介绍要点。这有点类似你的简介，但却以谈话要点的形式出现，而不是一一道来。这样，会见者听上去会感到自然。下面的例子是我写的，用于每次演讲前主持人向听众介绍我：

MH
迈克尔·哈耶特简介

迈克尔·哈耶特的职业生涯是在图书出版业中度过的。作为出版商、文学代理人，和《纽约时报》畅销书作家，对于不断创新、飞速变化的世界有着独特的视角，并且乐于与大家分享。

1. 他现任托马斯·纳尔逊出版公司董事会主席：
   ・这是世界上建立在宗教信仰基础之上的最大出版社。
   ・是至今仍然生机勃勃的最古老的商业出版社。
   ・是美国第七大商贸出版社。

   他同戴夫·拉姆齐、约翰·麦克斯韦、安迪·安德鲁斯、马库斯·伯金汉姆等畅销书作家都有过成功的合作。

2. 迈克尔能驾轻就熟运用社交媒体：
   ・他的博客 MichaelHyatt.com 是世界上最受欢迎的博客之一。

- 根据谷歌数据，他名列世界博客800强，每月访问量达40万人次。
- 他的写作主要涉及领导力、个人生产力和社交媒体。
- 他还拥有十余万微博粉丝。

3. 最重要的是，迈克尔是非常忠实于家庭的男人：
- 他与妻子盖尔已经结婚33年。
- 他们有5个女儿、3个女婿，以及7个外孙儿女。
- 他家住田纳西州纳什维尔市郊外。

今天（上午/下午/晚上），他莅临演讲，题目是（演讲题目）。让我们对迈克尔·哈耶特致以热烈的欢迎。

- 产品摘要。95%的访客可能都没有使用过你的产品、阅读过你写的书籍，或者听过你的演讲。他们不熟悉你的呕心沥血之作，但却又想要表现得熟悉。为他们提供一份产品摘要，使你能有机会让他们显得聪明机智，这样，访谈将会变得十分愉快，并且可能为今后更多的访谈铺平道路。

- 列举访谈主题和角度。出于方便制作人与你的预约考虑，可提供一份访谈主题和角度表，以引导其在访谈中不至于漫无边际。这一环节你要保持与时俱进不断更新，以适应不断变化的热门新闻话题。

- 提供访谈问答样本。这是确保你获得更多、更高质量访谈的不二法门，因为这样做能使得双方彼此都显得应对自如。

7. 粉丝资源。拥有粉丝是再好不过的事情，如果你能使他们替你宣传推广那就更好。但要做到这一点，你必须从几个方面入手装备他们，以利于他们有针对性地效劳于你。

第二篇
整装待发

· 样本。为粉丝们提供一些可供与人分享的事物，比如你的研讨会节录、你的应用程序简易版，或者你的著作章节样本。对于作家而言，在线文档分享网站 Scribd 是一种极好的工具。因为这会方便你的粉丝们轻松将章节样本转帖于自己的博客，并与他人分享。

· 微博发帖样本。搞得简单些。提供 10～30 条微博发帖样本给你的粉丝们。建议你创建一个标签，以便跟踪所有同类微博。（参见第四十三节，"微博使用基础"）。

· 横幅广告。委托设计横幅广告，以使粉丝们能够将其植入自己的博客或者网站。这比你想象的便宜，只需在谷歌搜索"便宜横幅广告设计"就可实现此愿。不过，在此提醒一点，就是你应当创建标准尺寸的各种横幅广告。

· 激励措施。基于人们购买你产品的数量多寡，或者他们为促销贡献大小，可以提供给他们与你联系的机会。加里·维纳查克和菲尔·库克在这方面是两个典范。

维纳查克为其著作《势不可挡》提供的激励举措为，购买三本赠送一根表带，购买 50 本赠送一张个人视频，购买 300 本则可以通过网络电话与他一对一交流一小时。如果购买 1000 本，就可以在纽约与他共进晚餐。库克推销其《震撼》一书，也用了类似的方法。

不管怎样，你的策略一定要有独创性！

· 电脑壁纸。在你的粉丝中，有些人追求"虚拟荣耀"，他们将带有偶像标识的壁纸展示在个人电脑上，充满自豪。还有什么能比这个更个性化呢？好的设计师可以在 30 分钟内将你的动人图表转化为精美壁纸。

·商品。另有一些粉丝渴望的是"具体光环",他们认同你的品牌或者产品,以至于希望随时穿戴、展示它,或者哪怕只是举杯啜饮,只要有这些元素他们就备感满足。

8. 媒体反应。实际上这里就是要展示一面"荣誉墙",其中包含你的最佳产品评测、用户反馈、微博评论、脸谱网评论、谷歌+评论,等等。这里就是为了分享粉丝们的代言和激情,并且敦促其迸发出更大的热情。

迄今为止,我所看到的媒体工具包最佳范例,最新的当属安迪·安德鲁的著作《最后的顶峰》(The Final Summit),它几乎符合我所提出的全部标准。你一定得下载来看看。

还有,不妨再上网看看戴夫·拉姆齐《领导之间》(EntreLeadership)、多夫·塞尔德曼《成功企业的尺度》(Why How We Do Anything Means Everything),以及珍妮·布莱克《大学后生活》(Life After College)这几本书的在线媒体工具包。

总而言之,如果你想让潜在的合作伙伴和粉丝甘心乐意把自己的产品信息传递出去,那就花些时间建立一个强大的媒体工具包。

本篇涵盖内容广泛,从确立目标到组建工作团队,再到获取优秀代言,你学到了需要做好各项准备工作。当然,心无旁骛、脚踏实地,这些是构建平台的基础、柱梁和桁架。

下一篇,作为搭建你的社交媒体大本营的重要一步,我们将开始致力于夯实坚实基础。

第三篇

构筑网络大本营

十七　　了解营盘模型

现在让我们探讨如何为你的平台添砖加瓦,以将大本营打造成为今后赖以成长壮大的坚实基础。和建造房屋的道理无异,此处我们要涉及板材,它们涵盖了脸谱网、微博、博客、个人网站,甚至还有传统媒体。学习如何将这一切天衣无缝地编织成为一个整体,本身就是一门艺术。

最近,我发现自己越来越多地谈及社交媒体的话题,个中原因或许在于我自身就是一个博主,已经通过脸谱网和微博等社交媒体扩大了我的读者群,并拓宽了我的平台规模。

这些经历使我常常被问到一个问题,就是如何才能让这一切媒体相互配搭、协同运作。他们说:"诚然,我已经拥有了网站和博客,也懂得诸如脸谱网和微博之类媒介,但是究竟怎样做才能让它们和谐配搭,以发挥最大效果呢?"

不久前,我在纽约听了克里斯·布罗根关于社交媒体的演讲,其中,他提出了一个概念"简单存在体系"(simple presence framework)。几个月后,还在我担任托马斯·纳尔逊出版公司首席执行官的时候,公司顾问乔恩·戴尔向我们提出了一个类似概念,他称其为"社交媒体框架"(social media framework)。

以下要推出的是我自己的版本。(其中我借鉴了他们两人以及其他相关人士的概念和术语,但它仍旧不啻为我的个人独家秘笈。同时我也极力推荐你们去阅读他们的著述。）

一个优秀的社交媒体战略，应包含基地、使馆、哨所三个不可或缺的组成部分。

其中，基地应该是你拥有并操控的数字财产大本营，是你的忠实粉丝所聚集之地。它可以简单得如同一页博客或相关网页，亦可以复杂得如同一个自治社区。不管怎样，这是你的专属领地，需要你亲自疏导网络交通。为什么？因为这是你销售理念或产品的最佳场地，你控制着其边界并决定孰进孰退。

至于使馆，顾名思义，就是在别人领地上行使自我权益之地。在这里，你并不拥有这块儿地方，但是却在其上有自己的注册资料。因此，你可以在别人的领地合法存在，并与其中所聚集的人们交流关于自己、品牌以及公司等内容的信息。这些地方的代表有脸谱网、微博、社交网，甚至你所关注的他人博客等。通常你需要一本被网站主人授权的"护照"（验证凭据），以获得在其中逗留并参与对话交流的资格。

哨所相对"偏远"，你既不拥有该领地的权属，也不常常在其中露面。你登录其中，只是简单听听别人关于你本人、你的品牌和公司的交流内容，或者你所感兴趣的其他话题。例如，我曾登录"互随网"（HootSuite）搜索专栏，以适时监控其中提及我的名字和公司的文章；我还使用谷歌快讯（Google Alerts），适时监控并搜集可能出现在网站上的上述信息。

关键在于，对于以上三个秘笈，所有社交媒体工具都将无出其右。如果你登录网媒的目的只是要娱乐身心，那么你可能不需要基地。但是一旦你确定要着手搭建一个平台，那它就正是你需要启动引擎之地，由此出发，去筹建起使馆和哨所。

第三篇
构筑网络大本营

十八　　专注于网络经营

世界上最有效的销售捷径无疑是口口相传。消费者对家人、朋友和同事的推荐会不予置疑,这些人对其所产生的可信度影响力,你永远无法企及。

但这让我们无法回避一个问题,就是"怎样才能在进入市场伊始就赢得口碑?"毋庸置疑,问题止于令人折服的产品,正如我们在第一篇所探讨过的,良好的口碑始于打造一流的产品或服务。营销大师大卫·奥格威说:"伟大的营销只能使蹩脚的产品更快消亡。"之所以这句话一针见血,被奉为经典,正是因为一个令人失望的产品绝对与口碑无缘。

一旦你拥有了一流产品,就必须想方设法把信息传递出去,这样就引发了一个问题,就是如何以性价比最高的方式实现此目的。

当然,你可以运用大众商业媒体,包括电视、广播电台、印刷广告、户外广告牌,不一而足。但是,一般而言,这些都是在浪费金钱。你试图花钱触及的受众只是相当有限的群体,其一就是你所提供产品或服务的潜在顾客;其二就是对你的品牌已经熟知的潜在消费者。更糟糕的是,许多研究业已证明,人们前所未有地不信任广告,所以信息发布的开端就成为产生怀疑的源头。要改变这种困境,必须无穷尽地频繁使用广告来说服受众，但是这又为大多数项目预算所无法承受。

这就是我反对使用几乎所有杂志或者报纸的一次性广告的原因。取而代之的是有的放矢的广告营销策略，即针对特定目标人群，使用"窄众传播"方式，效果就会好得多。做到这一点，最实惠的渠道无疑是网络，你可以在其中打造关注群，以吸引他们对你所发布的新信息总是热切期待。

从一定程度上而言，这已经成为常识。问题在于，仅仅有网络本身仍然不够，你不能只是挂在网上，就指望它自动生成一个关注群。即便你努力去营造，这样一个群体也未必能出现。单纯建立一个网站而不专注于经营，就像把广告牌立在距离公路10英里之外的沙漠深处，华而不实。

早在进入本世纪初的几年，我还在托马斯·纳尔逊做出版人时，我们为日渐勃兴的网络疯狂。毋庸置疑，我们也建立了属于自己的公司网站。为了在网络上抢占先机，各个分部都相继建立起一个网站，然后开始为各个作家建立个人网页。最后，我们又着手专门为公司出版的每一本书分别建立起网页。彼时彼刻，我们天真地以为这就是网络营销。

须知，这一切都发生在博客横空出世之前，我们所建立的这些网站都成为一潭死水，以至于在此之后再也没有对其进行真正意义的更新。想必你已猜到所发生的一切：我们的良苦用心付诸东流，一无所得。

在我们建立起的逾千家网站中，没有出现任何有实际意义的访问。这就像你印制了精美的小册子后码在个人仓库内，然后暗中思忖为何没有人来购买自己的产品。从中我们应该学会让网络战略有效发挥作用的诀窍，就在于让自己所建立的网站让人流连忘返并一再登录，并且带领自己的朋友们前来访问。所以，问题不在于网络营销，而在于我们使用它的方式。

与此同时，我开始了博客体验之旅。我注意到，一旦自己经常对内容予以更新，人们就愿意回来，尤其是当我的博文格外引人入胜时，人们就会亲口向自己的朋友们推介。

于是，我们开始让出版社的部分签约作家一起来体验这种经历，他们开始撰写博文，并且将博客作为自己的平台基础，事实证明，这一举动给许多人带来了滚滚红利。这就是如今我为何强烈鼓动大家集中精力经营网络的原因，这一投资行为能带来丰厚的回报，在本篇接下来的内容中，我们将探讨如何有效使用在线工具来构建自己的平台。

顺便提一句，离线还是在线并不是非此即彼的命题，我相信二者相得益彰。在此我的建议是，绝大多数人都可以采取一种其他任何渠道都不能比肩的便捷和实惠方式，成功搭建起一个专属自己的在线平台。

十九　　辨识真假专家

树立个人品牌或者构建平台，乍一听见，都会让人感觉过于复杂和耗时费力，因此你转而考虑聘请别人来替自己包办一切。如果真是如此，请注意我要给你的警告：没有任何一个人会像自己宣称的那样专业。

当被越来越多的所谓社交媒体专家所环绕，我对此深有体会。须知，在所有这些评价中只有极少数名副其实。将评述者分门别类予以分析，会发现他们中有些是传统媒体人，尝试着"旧瓶装新酒"——用当下流行的新词汇对过时观念重新加以包装；不少人则是上个月刚刚听说过微博这个词汇的失业营销员。事实上，我最近验证了一位这样的人士，发现他根本没有博客，并且其微博也只有寥寥几百个关注者。当然，这并不犯罪……除非你冒充社交媒体专家去骗钱。那样一来，一切都会显得荒诞而可笑。

至于分辨真假专家的区别之处，你可以坚持三个原则：确认专家所宣称的有具体的数据支撑；确认他正处于你希望前往之地；确认他深谙如何复制自己的成功模式。

试想，如果你去攀登珠穆朗玛峰，结果在爬到半山腰时发现自己的向导不过是首次登山！想必你一定不希望这种事发生在自己身上。因此，你根本不必理会那些把牛皮吹上天的人瞎掰，跟在夸夸其谈者的后面只会让你一事无成。如此反观社交媒体领域，读过一些关于这方面的书籍和文章，与构建一个成功的社交媒体平台完全是两码事。

为使你少走弯路，我提供一些正面的例子。我是赛斯·高汀、克利斯·布罗根，以及提姆·菲利斯三位的忠实博客粉丝，并且乐于从他们任何一人的成功经验中汲取真知灼见，以便于增加博客访问量。

想知道为什么？因为我在compete.com网站上核查过数据。（注意：这个工具并非百分之百准确，但是用于复核口头数据足矣。）

他们所有人的博客访问量都比我的大。因此，他们讲，我就洗耳恭听。

再以微博为例，我通常在一天之内碰到好几个人缠着我讲，他们懂得"如何使你的微博粉丝量猛增"。这种话同样很容易核实。事实上，如果这名所谓专家的微博访问量还不如我多，那就免谈。另一方面，我最近核实过，盖伊·川崎的关注者超过45万，克利斯·布罗根20多万，提姆·菲利斯30多万。（本书写作时，赛斯·高汀尚未开通微博。）

另外，之所以我如此乐于吸取他们的经验，还在于他们赢得了如此庞大的粉丝群，却完全没有利用传统媒体平台（例如，电视采访、电影演出、政坛身份等）。不幸的是，大多数动辄宣称自己是社交媒体专家的人并非如此。这样一来，你就明白差距所在了。这也正是为何你必须从数据着手的原因。

二十　　开通个人博客

对于我们大多数人而言，网络大本营的核心就是自己的博客。正是在这里，我们的卓越思想得以亮相于世；正是在这里，其他人可以自由发表评论，与我们碰撞出新的思想火花，并且与我们的社交网络相连接。我开博这些年来，已经有一些读者与我联系，咨询如何开博相关事宜。不管你相信与否，其过程简单得超乎想象。

这里为你提供其间所需的8个步骤：

1. 确定一个主题。这里我并非谈论你的设计理念问题，而是你的内容。多数博主都会从三种方式中选择其一。一种人是随时随地写下最新发生的而自己又感兴趣之事。这样一来，他们的博客是真正的"网络日志"。第二种人则会选择单一主题，心无旁骛。坦率地讲，这需要极大的自我约束力。第三种人，比如像我，会专注于一个基本主题，但是偶尔也会涉及别的。我认为，后两种方式更有助于开发忠实读者。人以类聚，无疑，兴趣相投者会不断前来造访，并且络绎不绝。

不过在开始之前，请问自己两个至关重要的问题：

· 你能定期提供高品质内容吗？（至于我在这里所强调的"定期"，意味着至少每周三次。）

你所提供的内容能够吸引忠实粉丝并保证这个群体日益扩大吗？或许这并非你的目标，但是你只有做到这一点，才能够产生足够的收入以抵消你的开支。（详情请参看后面的专章内容。）

我在这里并不想给你泼冷水，但是只能实话实说，就是除非你能对上述问题给予坚定明确的肯定回答，否则就不要去徒劳浪费时间和金钱。事实是，多数人在开通博客之后几个月就选择了放弃。（请务必反复阅读这句话，并将其牢记于心。）

2. 选择服务端。我使用 WordPress.org（自主托管版）。然而，除此之外还有许多可供使用的服务。如果你是刚刚起步，那么我愿意从个人偏好角度给你推荐几个服务端，它们分别是 WordPress.org 的主机版、Typepad.com 或者 Blogger.com。如果你已经小有成就，并且希望能够自由定制想要的一切，那么我推荐上述自己使用的版本，这样一来，你将务必选择一项托管服务，然后安装 WordPress。

该版本虽然基本上是免费的，但是一旦使用就使你如身染可卡因一般上瘾，且不能自拔。随着你使用程度的加深，各种相关费用就会随之而来，然后愈来愈多。

我每月花在博客上的费用有一千多美元。我深知这个数字还是会让多数人吓一跳，但是这笔投资带来的丰盈回报亦属可观。这笔费用包括托管费、服务器管理费、定制编程费、软件服务费、故障排除费，并且除此之外，还有更多。有时候我会觉得它像一个无底黑洞。

可是，当我看到因这笔投入而产生的巨大访问量时，无疑会深感物超所值，其中广告、现金返还奖励和产品销售等均产生了可观的收入。但是，我必须承认，冰冻三尺非一日之寒，我是用去了好几年时间，方才取得这一成果。并且，不要指望一起步就获得如此成就。

这就是我建议从 WordPress.com 起步的原因。你可以在这儿学步，快速成长。

3. **开通个人博客**。我所见过的大多数博客服务都会将这一步设置的极其简单，不要因为听上去十分专业就踟蹰不前，事实远非如此。你没有必要成为技术翘楚才能做这件事。然而，要让自己的博客主页呈现怎样的外观，你就必须费点心思做出决定了。

比如，你必须在所确定主题的基础上来考量。在此背景下，你就需要考虑博客的整体色调、宽窄、整体观感等，或许还需要贴上一张个人风采照，诸如此类。这样一来，你就还要准备一张数码照片。当然，这些细节在你运行博客的过程中再加以调整也不迟。

4. **写作首篇博文**。如果你平时很少写作，这一步可能难比登天。不过既然缺乏经验，首篇博文就写短些。（我建议长度控制在 500 字以内。）然后逐步培养动力，掌握诀窍，专注于自己熟悉的事物。

你也许理所当然地认为自己拥有很多独家的专业信息，能对他人有所助益，甚至让人兴趣盎然。也许你的确不知道从何处入手，那就不妨写一篇《欢迎访问我的博客》之类的博文，告诉你的预期读者自己开博的理由以及计划写作的内容。下面是我的第一篇帖子，是写给托马斯·纳尔逊出版公司员工们看的，那时我在担任公司的首席执行官。

欢迎光顾我的新博客！ 2005年3月29日

我一直在致力于寻找到某种方式能够定期与员工们沟通，此前曾经考虑过"网络广播"。事实上，我们甚至尝试过录像带的方式。但是，坦率而言，那种尝试显得颇为被动，且显得做作而不真实，结果是我们只能将其束之高阁。

我同样考虑过群发电子邮件的方式，无疑这样做有其优势。作为发起人，我可以与几乎每一位员工沟通，他们则只需选择接受就好。而且，这是免费的。

然而，当我以几周的时间考虑再三并与其他几位高管商量后，最终决定还是开通博客（"网络日志"的简称）。因此有了你们现在阅读的这篇开场白。

我认为它有几个方面的优势：

1. 该媒介广为人知。博客不同于书籍或者邮件，但毫无疑问，它同样能够将所需信息广而告之。对于我们这样的企业，这种媒介很容易被认知和理解。同样的，身为一名作家，我同样对其容易接受。仅从可供自己定期发布信息这一点而言，就极其重要。我已经写作另外一个博客好几个月，并且很享受这一过程。它让我无论何时，想写就写，而不受规定时间的约束。

2. 可提供反馈渠道。当然，电子邮件也可以实现这一点，你要做的无非是点击"回复"键。可是，它只能是一对一的，除非你选择点击"全部回复"键。不幸的是，这样做将会生成成百上千的电子邮件信息，因为我的原始邮件会同时发给600多位员工。相比之下，博客允许评论（见本博文底部）。如果你愿意，甚至还可以选择匿名评论。

3. 可提供文章归档。这种设置可以保证大家不会错过我的任何一篇博文，如果你错过了及时阅读其中的某一些文章，可以选择以后再读。我想，这对新员工不无助益，他们只要有时间和兴趣，就可以阅读到任何自己感兴趣的文章。

4. 能鼓励你也开博。我一直希望员工中有人开博。时下许多公司都在这样做，其中包括微软，它们有一千多名员工已开通博客。这是促进公司内部交流沟通的绝佳途径，同时，对于外部世界了解我们公司的内部事务，也是堪称完美的捷径。它还能在无形中提升公司形象，促进产品营销传播。

5. 经营费用寥寥。我使用的博客服务端是TypePad，每月开销不过4.95美元，低得不能再低了。如果你对写博有兴趣，该服务端还可以提供为期30天的免费试用期。

下面简单介绍一下我对这项工作的安排。我会定期更新博文，也许是每周几篇，也许是每月一篇，坦白讲我此刻还无法准确预知。不过，一旦写了新的文章，我会给你们每一位发邮件通知，然后的事，就由你自己来决定。

另外，请不吝赐教，在博文后面予以反馈。"好极了"、"糟糕得很"，甚至是"难看之极"诸如此类，我都愿意听到。如果你不赞同我的观点或者想提供另外一种意见，那是求之不得的事情！如果你不愿意署名，那就用化名。重要的是，请你说出内心真实的想法。

5. **使用离线博客客户端**。这看起来似乎没多大必要，但实际上会使写博更简单。对于写博而言，离线博客客户端像是文字处理软件。它能够确保你不在线时依然可以写作，在接通网络后再上传即可。如果你的日程太紧，或者要外出度假，还可以安排文章在某个特定日子或者时刻上传。BlogJet(微软视窗)和MarsEdit（Mac界面）是两个最受欢迎的离线客户端。当我切换到后者后，就再也不用有任何顾虑。

6. **添加铃音和提示音**。大多数博客都允许你上传正在阅读的书籍、喜欢的相册，以及其他各种各样的内容。TypePad尤其精于此道。你还可以将诸如MailChimp、Aweber、FeedBlitz、FeedBurner之类的第三方服务提供平台合并使用。它们使读者可以订阅你的博客，甚至无论何时你有更新都能收到邮件通知。获取有利信息的最佳途径就是阅读他人的博客，并留意自己所喜欢的内容。

7. **推广个人博客**。确保链接主要的博客跟踪网站，不过，大多数博客服务端和离线博客客户端都会对此予以处理，因此不懂这一步也无需担心。使用它并不见得你必须弄懂它。下面做一个简单讲解。

通常，你的服务或者软件会通知追踪网站你有博文更新。如果你的软件无此功能，可能就得改用Ping-o-matic。这是一个极其简单的服务，能够同时向18个不同服务端发送信息。你所需要做的只是上传博文时进入个人博客网址即可。

8. **定期写作博文**。要打造读者群，这一点或许是我能给你的最好建议。如果大家喜欢你的写作内容，他们就会常常回访。如果其中的内容毫无新意，读者最终会失去兴趣。因此，你上传文章越有规律，读者群就会越壮大。我建议你一定安排出一些时间定期写作，毕竟一篇文章不会自动生成。

开通博客十分简单，写博文才是真正富有挑战性的环节。尤其是当你最初的热情、冲动日益消退，就很难再坚持更新。大多数博客作者的文章越来越少，最后甚至完全搁笔，让自己的博客成为弃儿。从某种意义上讲，这个问题的根本症结就在于自己是否能够言出如山，并且一直坚持锲而不舍。

最后，我还想建议你要长存忍耐的心。写作与做任何别的事情一样，会越做越好。有那么一点才能，再加上恒久忍耐的品格，最终就会掌握规律，并乐在其中。

脸谱网和微博能够有效把人们引向个人博客，而后者恰好是你构建平台的首要之地。认真对待吧，它一定会给你带来丰厚回报！

二十一　　务必亲自创作

几年前，我在一档电视商业栏目中教授博客写作研讨班。一家巨无霸公司的首席执行官也参加了该节目，当他报到并作完自我介绍后，问我明天是否可以共进早餐。"当然可以。"我说。

第二天早上我们如约而至，见面后他直奔主题问我："我如何开始写博？"我心中狂喜。毕竟，我知道了他是一位灭此朝食的读者。对我而言，也渴望读到他所言及之物。我想象着自己将会从他身上学到许多东西。

不过，他之后的话立即浇灭了我所有的希望。"你博客的枪手是谁？"他问道。

"对不起，我没听明白？"我心里发堵。

"我是说，你在请谁替你写博？我有无可能雇用到他，或者你能否帮忙介绍一位真正的好手给我？"

说实话，那一刻我完全不敢相信自己所听到的一切。这家伙显然还没有意识到这一点。我忍不住脱口而出："我从来不用什么枪手，博文的每一个字都是我亲自写的。"

"哦，我可能做不到这一点，"他说，"我没有时间。"

我不假思索就回应他说，"那你根本不要开博。"

那种感觉如今仍刻骨铭心，你可以雇用枪手来写书，甚至可以雇人偶尔写写专栏文章或者其他的杂志文章，这种事情如果你不说出来，谁也不会知道。

但是，这不能用于博客，尤其是不能用于微博。假如你用了枪手，很快就会露馅儿，你的读者能够辨明是否是你本人。你会被认为是"假模假式"，就是像那种明明不是这样，却偏要装腔作势的人。相信我，坏事传千里，最终，你将会对自己的个人品牌造成难以挽回的损害。

我的确注意到有一些作家、艺术家和其他社会名流有使用博客枪手、微博枪手的趋势。他们忽略了一个事实，就是博客已经有十多年的历史，微博也已然是成熟媒介。如今它们以及别的社交媒体已经成为主流，没人愿意被潮流遗弃。人人都在跃跃欲试。如果你选择敷衍了事，那就是自欺欺人，结果也会毫无所得。

这些人之所以这么做的原因在于，他们没有意识到这一潮流。须知，只有当你亲力亲为、真实可信，并坚持及时更新，这些社交媒体才能发挥作用。之所以强调亲力亲为，就是即便人们并不认识你，他们也能分别出来你是否为作者本人。或许你能欺骗人们一时，但博客是你展示个性与人格的地方，若非亲自操刀，读者很快就会看出蛛丝马迹。

至于真实可信，《圣经》告诉人们一个真理："日光之下，并无新事。"你所做的任何事终究会被人所知。只有你拉开生活的帷幕，让人们看清内情，才能获得信任。当然，任何一种交流方式都并无二致，真实可信才是最强有力的沟通捷径。同样，它也是博客与微博的本质属性，你必须愿意与人分享真实的自己。

最后一个原则就是及时更新。博客与微博都是对话。你可以提出话题，甚至可以对其适度调整，但是正在进行的对话你理应参加。因此，对于某些博客评论、大多数微博留言，以及发给你的个人私信，都务必回复。

所有这一切都要求你本人亲自参与，不能雇人代劳，不能弄虚作假。如果你并不愿意进行任何个人投资，就不要麻烦自己。你不能愚弄任何人。

二十二　　使用博文模板

我常常被人问及一个问题，就是在写自己标准的五百字文章时是否会使用某种模板，答案是肯定的。

事实上，我使用的是博客文章模板。该模板不过是一种大众通用模式，我的多数文章都是在依葫芦画瓢。我从不生搬硬套某一种模板，但是开篇总是未出其右。它涵盖了我能使用到的几乎全部要素，以保证我能完成一篇文字优美的文章。并且它还标明了各种操作路径，从而可以使我的写作更快。我的博客文章模板大致由 5 个部分组成：

1. **引言**。这是关键。如果你开篇绕来绕去让大家不知所云，就会失去读者。因此，你必须直接切入主题，并且确保其为读者所关切。这是博文中仅次于标题的第二个重要元素。

2. **图片**。博主使用图片的缘由与杂志采用图片无异：把读者吸引到文章中来。图片能实现这一点。我所使用图片中的 90% 来自 iStockPhoto.com。偶尔我也会使用截图、嵌入视频，或者幻灯片。

3. **分享**。我在博文中总是力图分享自己的亲身经历和感受，越诚实透明越好。原因就在于读者想要的是故事。事实上，我发现自己最受欢迎的文章，大多都是我所经历人生挫折的故事。

4. 正文。前面所谈的一切，都不过是敲门砖，到此方才言归正传。务必确保内容部分便于读者浏览。我使用着重号、序号编排，并且常常保证二者兼备。这样更易于为读者接受，并且更容易通过微博和脸谱网使更多的人参与分享。

5. 问题。过去几年间，我在每篇博文的结尾处都留下一个问题。我不想让自己的文章成为独角戏，相反，我希望发起对话，这样的结果，就是我可以通过文章所获得的评论数量来衡量此文的优劣。

除此之外，我写博时还会遵循几个主要原则：

- **文章简短**。全文限定 500 字以内。对于我们中间那些偏爱面面俱到的人而言，这通常意味着你必须在写好博文之后，再回头精简压缩。

- **段落简短**。试着保证每个段落只有三四个句子。否则，整体内容会显得过于密集，读者就会厌弃。（留意报纸通常如何遵循这一原则。）

- **句子简短**。尽量不用复合句，这是一个通用的原则。句号会提示读者进行一次自然停顿，从而在整体阅读过程中获得迈过一个又一个里程碑式的前进感觉。引用一句通用写作格言即为：短句造成"快读"。

- **用词简单**。我热爱语言，因此我同样情不自禁地使用夸张词汇。不过，我尝试着来克服这一毛病。我们的目标是交流，而不是让读者对你所使用的词汇印象深刻。

- **相关链接**。一篇文章往往不能涵盖所有你想表达的内容，因此需要链接那些更详细介绍你成熟思想的文章。这带来的额外好处就是，增加了你的网页访问量和对话次数。我想，这同样也实实在在地帮助了读者。

你的模板也许不尽相同，但在你磨砺写作技巧之时，构思模板并适时调整同样值得。这会使你的写作更如行云流水，快速而有效。

二十三　　建立思想清单

身为作家，梦魇般的写作障碍时不时跳出来折磨我们。你不得不与之缠斗。偶尔有那么几天，我文思泉涌，写作起来酣畅淋漓。但我不得不承认这只是罕见时刻。大多数时间我的真实情况是，每周至少卡壳一两次。

这样一来，你能做些什么？这似乎就是显而易见之事，根本不值得一提。但是当灵光乍现而你又没有时间跟进，比如你正在开车上班途中的时候，就需要赶紧将其列在清单上。我在万能记事本当中做了表格，并且经常查询。

如果你的思想清单内容贫乏，就需要配备思想启发装置。下面我列出13个引擎，当你的大脑开始出现一锅粥的状态时，这些礼物也许能点燃火焰，让你的思想火花开始闪烁。（如果你是小说家，敬请留意附录二中的专门建议。）

1. 讲自己的故事。这方法几乎屡试不爽，因为你是现身说法，亲口讲述自己的经历，会让故事的感染力发挥到极致。如果故事足够感人，而你又感受到倾诉之后带来的通透与解脱，效果就是格外非同凡响。如果你还讲出了自己从中学到的一两条经验教训，那对读者更是不无助益。

宝洁公司专门针对男人的博客"辣妹保镖"（Man of the

House），在这方面提供了一些绝佳案例。其中一位叫詹姆斯·皮尔切的作者，专门在个人博客上讲述自己失业后的家庭生活。"我将永生难忘这场经历……我从来没有如此愤怒，如此受伤、恐慌，和敏感脆弱。"皮尔切不断向那些面临失业问题的人们提供精彩建议。

2. **描写历史事件**。这与讲述自己的故事相似。历史总是充满撼人心魄的故事，这也正是我总是阅读历史书和传记的原因之一，读完这些书籍之后，你可以重述其中的故事，并且从中汲取经验教训。

艾琳·格罗芙在这方面的实践就大获成功，她为"迪斯尼乐园"写博时，聚焦于1937年《白雪公主和七个小矮人》的首次公演。那个全场爆满的开幕之夜发生于当年12月21日的卡舍圆形剧场。

74年后的同一天，格罗芙的博客开始重现那一个堪称伟大的夜晚，她使用了大量历史照片。当时，仅仅为了一睹盛况，超过三万粉丝在剧场外聚集。面对如此纷繁复杂的素材，格罗芙从哪里着手写起呢？出乎意外的是，她选择了第二年加利福尼亚迪斯尼历险公园的开张作为切入点。

3. **撰写三种评论**。书评、影评，以及软件程序分析均在此列。要与人分享你所发现的赏心乐事，以及你为何乐在其中，这是极佳的方式。它还有助于使你的读者免于接触那些无益的产品或无聊的体验。

4. **解析精华书摘**。我读书时总会将留下深刻印象的段落重点画出予以标注。偶尔，我会回头浏览这些段落，并将其单独摘录上传至博客。同样，我通常会在这些书摘后附带做评论，解析为何这段异彩华章格外有意义。

5. 学会用画中话。每一张好的照片背后都有一个故事，足以激发你的写作灵感。对此你或许知晓但也可能一无所知。然而，无论如何，你可以从中找到这个故事并予以剖析。Flickr.com网站上即有许多此类佳作，你可以遵照知识共享许可协议来使用这些照片。

6. 撰写时事评论。时事评论的题材宽泛，既可以是针对世界大事，亦可以是围绕你所从事的行业领域。如果你是意见领袖，或者正在致力于将自己打造成意见领袖，这一定是华山捷径。

7. 记录趣谈妙闻。我见过许多有趣的人，并确信你也是如此。我见到他们，有时候是在工作过程中，有些则是在社交场合。但无论如何，如果一周内都没有话题能够深刻振奋我自己，那一定是意外。为何不将这些体验置于博客呢？当然你务必当心不要披露不适宜公开的话题，为了保护他人隐私，你需要使用化名，或者将场景稍稍加以改变。

8. 尝试循循善诱。当你详解做事方式时，人们都会迫不及待先睹为快，因为关于这件事的五个步骤，或者那件事的四个策略，非常具体而实用。将心比心，我想，对于自己感兴趣的事物，我们所有人都需要一个脚踏实地、极具可操作性的帮助。

9. 提供资源列表。这是回馈行业或者社区的康庄大道。你是这方面的内行，做到这些无疑易如反掌。你可能坐拥某种极其宝贵的信息，并且别人正对此梦寐以求却苦于无处可求，这样，一份资源列表就会赢得无数受众。显然，这是一条拓展博客影响力的捷径。

10. 答复读者提问。我的读者经常问一些绝妙的问题，有时他们通过电子邮件发给我，有时则直接在博文后面提出。大多数情况下，他们只是转发微博给我。我想，一个人如果被提问，别人同样也会。回答问题，意味着你在倾听。

11. 努力化繁为简。谁能够把复杂的事情简单化，他就会拥有庞大的受众群。善于向读者提供你所熟知话题的总体模式、轮廓大纲，或者只是对某事物予以简介，结果会出乎意料。

12. 善于顺藤摸瓜。聪明的人总想要弄懂你做事的动机，那也正是人们的兴趣所在。每一个决定背后有怎样的逻辑依据，你均可加以解释。这样一来，你做每一件事的步骤和动机都清晰可见，直至达到某个结果，让人如身临其境，最后恍然大悟，自然也很容易从中获益。

13. 提供流行指南。这一点尤其适用于科技主题，以及让人们深感困惑的任何问题。我此前介绍狗社交网络，包括如何把电子邮件用到极致的方法，以及如何规划人生等话题。写这一类话题的关键在于你要假定读者对该话题一无所知。

下次如果突遭思路卡壳，你也许会查询自己的思想清单和上述建议。有时，你所需要的仅仅是一点火星，熊熊火焰就可以重新燃起。

二十四　　高效写作技巧

如果你和多数博主一样，是在处理完工作、家庭生活，以及其他各种事务之余，才能挤出一点时间来写作，要做到持之以恒，的确很难。

熟能生巧，在写了 1200 多篇博文之后，我的写作开始变得又快又好。现在，我要完成一篇博文的写作和编排，平均用时六七十分钟。在此，我很乐意分享自己得以高效写作的 11 个技巧。

1. 及早预热。加利福尼亚大学圣地亚哥医学院的研究表明，快速眼动睡眠法（REM）比任何其他睡眠或不眠状态都更能对创造性过程直接起增强作用。

带着写作博客的思维入睡，就是充分利用这项研究成果。就寝前，我都尽可能确定第二天博客该写些什么。这使我的头脑提前参与话题。这就像把肉放进瓦罐，煨上整整一夜。

2. 闲时思考。闲暇时间并非就是用来浪费的。相反，你可以把"思考时间"渗入到许多日常例行活动当中。例如，我几乎每天都会用一个小时时间进行晨跑或者做其他锻炼，这段时间里，我会听 30 分钟语音图书。须知，未来博文的原料常常从中产生。然后我关机思考，把心思主要集中于当天要写的博客内容，这时脑子里通常会形成文章提纲和轮廓。另外，尝试在上下班途中思考，这会使你的开车时间都成为宝贵财富。

3. 脱机工作。到写作时间，就脱机运行。你不能完全离线，因为需要利用网络查询资料用以研究。但是你没必要查阅电子邮件、微博，或者脸谱网。可尝试登录 Anti-Social，这个小小的程序可以使你关闭邮箱和所有社交网络。不重启电脑，就不能打开所有这些程序。如果你是个人电脑用户，Cold Turkey 的功能也与其类似。

4. 播放音乐。多年前，我发现特定音乐有助于我写作进入最佳状态。于是，我在 iTunes 设置了一个音乐播放列表，并称之为"写作专用背景音乐"。它主要由类似《遗愿清单（The Bucket List）》、《奔腾年代（Seabiscuit）》以及《马语者（The Horse Whisperer）》等电影音乐组成。偶尔我也听听生命印迹（Lifescapes）所做的音乐。

5. 设置定时。假如你本能地在与自己或者他人竞赛，此时恰可利用此优势。定时 70 分钟，产生一种自我紧迫感，能帮助你很快投入，并且避免分心。我总是希望超越自己，所以常常能够迅速进入状态，并与时钟赛跑直至终点。

6. 使用模板。正如前面章节谈到的，这种方式同样十分有益。我使用的模板源自于肯·戴维斯在 SCORRE 培训会上教授的 SCORRE 法。（如果你尚未参加过这个培训，可将其列入你的愿望清单。至少对我而言，参加这个培训是我人生中最正确的决定之一。）我从万能记事本模板开始，然后开始在简易文字处理器 ByWord 上写作。

7. 勾画轮廓。也许你尚未注意到，我总是爱列清单。清单使得博文浏览十分方便，也使得读者更容易理解，还使得写作更为简便。如果尚未动笔就对总体轮廓了然于心，写作起来就简直易若填空练习。

8. 专时专用。不要试图一边写作一边编辑，否则，你会把自己逼到发疯。更糟糕的是，你会拖延进度。主导写作的是我们的右半脑，而编辑则需要依靠左半脑来控制，在两个半脑之间跳来跳去，必然会使你的速度慢下来。并且这样你很难真正进入写作的最佳状态。相反，你应该专时专用，在写作时心无旁骛地一气呵成；在编辑时专注于锦上添花。

9. 编辑排版。写完初稿之后就是编辑排版时间。回头读几遍，然后清理拼写、语法、句式中错误或不中意之处。还要尽力删繁就简，使用简单字句、短句和简短段落。为了使你的博文可以被快速阅读，这是最重要的环节之一。

10. 插入元素。这里所言及的元素包括图片、链接和元数据。一旦我对博文满意了，就会从 ByWord 复制粘贴到 MarsEdit（这是我的离线博客处理软件），然后在其中添加图片。单张图片通常会从 iStockPhoto.com 下载。除此之外，我还要添加博客的内部链接和外部引用数据链接，同时也会插入所有重要的元数据（例如，文章分类标签、博文说明、关键词，等等。）

11. 发表稿件。前面所有的工作就绪后，我会在 MarsEdit 上设定发表日期和时间，然后上传。从技术上看，这创设了博文预定，只有到了指定时间，它才会出现于我的网站，然后，我进入自己的 WordPress 管理面板，通过 Scribe 检查博文，这一程序能分析我所写的全部内容，并针对我如何才能更易于让搜索引擎与内容对接提出建议。如果检查结果得分令我满意（一直以来我的目标都是100分），就发布。此时堪称如释重负，万事大吉！

按照以上程序撰写博文，有时候会稍稍多于70分钟，有时则不足。但是我发现，脑子里因为这个小小的截稿时间而绷紧一根弦，与毫无时间概念相比，完成的写作量会多出不少。这种成就感不断激励我更多追求佳作不断。

二十五　　创建视频访谈

要保持让读者参与到你的博客当中,视频是一条捷径。身为一名书商,我曾经上传过不少作家访谈,其中包括托德·波普、盖伊·川崎,以及斯科特·斯维尔特里等人。我认为这比单纯阅读书面访谈或者评论更有意思。当然,两者都不可或缺,但是视频访谈更容易从作者的立场提供一个理解其著作时截然不同的视角。

就在最近,我刚刚上传了一个视频,讨论如何使用谷歌阅读器以便于与自己喜欢的博客保持同步,有时候演示远比口述有效得多。当我想学习新鲜事物时,都会观看大量的教学视频。

做视频访谈其实超级简单。不出一个小时,你就可以完成摄像、剪辑,以及附上博文。(当然,这里不包括你酝酿访谈内容的前期准备时间。)因此,视频可以保证你对时间的有效利用。

下面是我做视频访谈的具体步骤。做其他类型的视频可参阅步骤6:

1. 确定访谈日程。请访谈对象腾出半小时接电话。(如果双方都不出纰漏,15分钟就足矣。)确定他们已经安装网络电话Skype,并问清其用户名,然后把具体通话日期标注在日历上,同时在记事本中记下他们的用户名。

2. **准备访谈内容**。这一步骤根据访谈内容有所不同。当我要采访作者前，就会先阅读他的著作，并在阅读中重点关注精彩之处予以重点标注。然后列出要问及的 5～7 个问题，将其显示于摄像头正下方的文字编辑器中，以便自己访谈中及时参考。

3. **传问题给对方**。有些人喜欢随机应答，有些人则希望预先准备。不管怎样，都要把采访提纲和有助于采访对象做准备的其他资料一并传给对方。比如，当我要采访作者时，会将关于我们所谈论书籍的参考资料整理成一页，附在采访提纲后面，旨在给对方提供方便。与此同时，还会敲定通话时间。

4. **给对方通电话**。使用 Skype 通电话的好处在于，其通话记录器实际上可以同时录制视频和音频。我最喜欢的设置可以从 Skype 的自定义面板进入，如图所示：

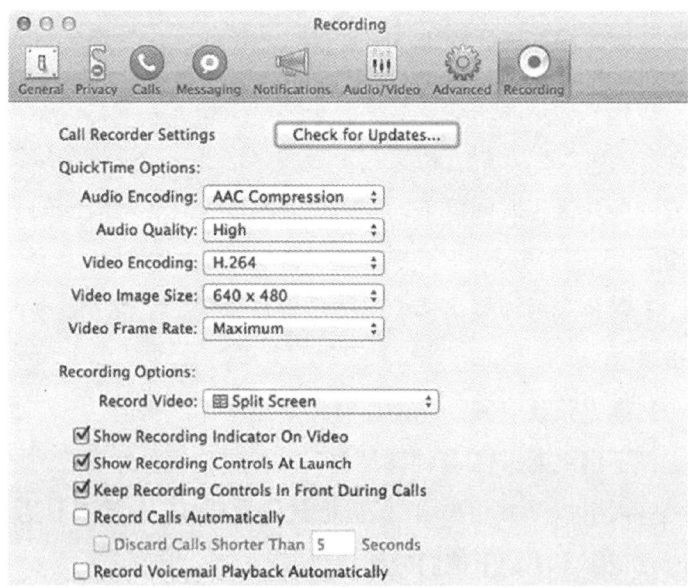

注意录制选项：视频录制要设置为"屏幕分割"（Split Screen）。

5. 录制访谈视频。确认双方都准备妥当后，就点击通话记录器的录制键。虽然你总是不由自主地想盯着电脑上采访对象的图像，但是请务必尽可能注视摄像头。访谈结束后，关闭记录器，通话将保存于自定义设置下指定的文件夹中。

6. 恰如其分编辑。最好选择自己最喜欢的编辑器对视频予以剪辑，或许可以尝试 QuickTime Pro 这类简易工具。我用的是 iMovie。对于视频本身，我通常不做任何剪辑，只是简单修剪一下片头（准备开始部分的内容）和片尾。我还要在开头置入视频介绍，最后植入结尾部分，与此同时，还会在这两部分使用淡入淡出效果，以实现各部分之间的衔接过渡。通常情况下，我会使用 Duarte Design 软件来完成类似专业操作。

7. 上传网站分享。我通常直接从 iMovie 将视频上传至 Vimeo。你也可以将自己的视频上传到播客网或者脸谱网。将视频设置为"个人影像"。当你要将这些影像资料公之于世之前，必不可少的重要一步当然是在播客网上对其反复检查。（当你对元数据和缩略图都深感满意后，就可在播客网的页面设置中点击"发布"。）

8. 植入视频链接。这一步根据你的博客平台和所使用的访问软件而有所不同。我所用的是博客软件 MarsEdit 的内部代码访问。我把这个植入代码转换为一键进入。做完这一切，还要在视频旁写一篇短文对其予以介绍，同时附上采访中的主要关涉命题，这些有助于吸引人们去看视频本身。

除了以上步骤，在公开发布之前，可以发一个视频预览链接给采访对象。这一步我通过WordPress中一款名为"博文预览"（Public Post Preview）的插件来实现。这可以确保采访对象在视频公开之前能够提前看到。

总而言之，这是一个相当简单的过程。它使你的博文内容呈现出多样化，同时还可给予读者一个用其他方式可能无法获得的独特视角。

二十六　　不需请校对员

如果你经常发表博文，难免会收到来自读者的电子邮件，直言不讳地指出你文中的错别字。与我联系的多数人都为这样做竭诚道歉。无论如何，此举都值得赞赏。我查漏补缺，向读者表达感谢，然后继续轻装上阵。

然而，有时候也会有一些自封的"语法警察"发来邮件，他不但坚持要替你纠错，而且会斥责你。

比如，最近有人在邮件中如是给我说：

你真不害臊，身为出版人竟然在博客中出现这些令人难堪的错误？你自甘平庸的行为着实让我大失所望。这让我把你们公司也看扁了。求求你了：做点好事，去聘请一位校对员吧！

谢天谢地，我没有娶这种人做老婆！

你是否应该聘请专人来做个人博客的校对员呢？我的结论只有一个字：不。理由有三：

1. 将会延误上传。你耗费了大量时间和精力去追求写作的尽善尽美（顺便提一句，完美只是假象），还不如尽快发表了博文之后就专注于下一件事。切记：完美主义是拖延症之母。

2. 博客不是书籍。书籍中的错讹之处，将会永远存在，至少在再版之前如此。博客则不然，你可以随时纠错，之后再重新发布。

3. 错误在所难免。图书出版商通常都会对每一本书重重把关，反复校对，也难免会有疏漏之处。那些讨厌的小毛病隐藏在角落的阴影中，直到付印后才显露出来。多少次校对才算是完美无瑕？我们中的大多数人都担不起完美这个重担。

我认为，较好的办法还是集中精力写作，争取高产，大量创作博文，写得越多，结果越好。当然，上传博文之前，你务必要通读几遍。这里有几个步骤是有效之举：写完之后，通读两遍；大声朗读一遍；在博客上形成草稿后预览时再通读一遍。

百密也难免一疏，难以预知的小错误总成为"漏网之鱼"，防不胜防。从某种意义上讲，当你点击"发布"键时，就是这些错误产生之时。

因此，可以将自己的校对工作外包给广大受众。你的忠实读者乐于做这些事情。至于你自己，要将更多时间和精力用在创作内容上，这样产生的价值远胜于纠结于每一处笔误、每一个错别字、每一点语法错误。

二十七　　保护知识产权

如果你成功成为风云博主,有一件事就在所难免,就是总会有人来剽窃你的博文内容,这一行为所涉及的就是众所周知的"知识产权"。这种经历就像有人潜入你的大本营行窃,总是令人不甚愉快之事。试想,有一天清晨你被谷歌定制发送服务吵醒,通知你的尊姓大名出现在别人的博客中。

你或许会认为:"好极了,我就喜欢有人免费宣传。我还知道,入站链接有助于提高自己在搜索引擎中的名次。"

于是,你点开链接去阅读那篇博文。你的发现会让自己大吃一惊,那位博主竟然将你的整篇博文重新发布了一遍,一字不差。

这种事情在我身上发生过好几次,每次都会令我窒息。我深感受伤,毕竟自己曾花去大把时间创作了那篇博文,而他怎么能这样漫不经心地不经许可就拿去转发呢?

你将怎么办?

首先,还是要平静呼吸。这并非世界末日。身为作家,你面临的最大问题并非侵权,而是籍籍无名。一个无法回避的事实是,有人认为你的作品分量足够,才会转帖到自己的博客中,这一事实说明他看重其价值。你首先应当把这一举动视为恭维。

这里有 8 条路径可以保护你的网上知识产权。如果照此采取行动，博文被剽窃的可能性将大大减少。另外，一旦有剽窃事件发生，这些也可成为你的应对策略。

1. 懂得版权法。你的博文从创作之时就受到保护，没必要去登记注册。这是你的知识产权，无人能够合法复制。尽管如此，法律只保护你对个人理念的表达方式，并不保护理念本身。如果有人将你的博文用他自己的语言加以编撰，那就完全合理合法。事实上，你应当将此视为免费宣传，进而大加欢迎。

2. 发布正式版权声明。这并非保护你的作品所必须，也不会给予你任何附加权利。然而，它提醒世人，这是你受保护的知识产权，为你所有。因此，公布版权声明（例如，"© 2012, Michael Hyatt"）能起威慑遏制作用。我的版权声明放在页脚，因而每一个页面底部都有。

3. 明确许可条款。你对此需要设置专门页面，在其中准确说明你的哪些内容可以为人使用。我把我的许可政策分为两个部分：哪些不经本人许可即可使用，哪些经过本人许可方可使用。（参见第五十五节"制定评论守则"。）清晰明确，以免别人随便用着什么都来与你联系，同时，也提供了一个怎样才算侵犯你知识产权的公开标准。

4. 做"无罪推定"。并非每位转发你博文的读者都是有意为之。根据我的经验，多数人仅仅是不懂得法律，而非故意要侵犯你的权利。通常，都是因为一些粉丝被你的作品打动，要与自己的读者分享。他们只是不懂得版权法，需要补补课而已。

5. 请求删除博文。你可以通过电子邮件（首选）或者在评论中提出这一请求。不过，还是要尽量保持礼数周全，并假定未经授权的使用者动机良善。不要扼杀他的热情。你希望他推广你的作品,只是不希望他侵犯你的权益。我通常的做法是,首先感谢他的转帖,然后亲切大方地说明这样做其实违法,再告诉他我的许可范围,并建议他改为摘要转发。每一次,人家都会向我致歉,并按照我的请求照办。(你的情况可能有所不同。)

6. 要求撤下内容。自从涉足网络,我还从未为了自己的博文内容走到这一步。假如侵权者对你的请求置若罔闻,就有必要把请求升级为要求。发出一封"要求函"(或者电子邮件),坚决要求对方撤下相关内容。即便到这一步,我依然会保持温和谦恭的态度(至少第一封函件会如此),并仍旧假定他或她只是不明白问题的严重性。

7. 通知托管服务商。每个侵权人都会注册于特定托管服务商,如果侵权人一再不与你合作,就有必要研究一下。用域名工具(DomainTools)之类的工具找出其注册记录,就可以看到他的域名登记资料,包括谁在托管这个网站。通常,它是一个像abuse@(托管服务商的名字)之类的网址。然后发电子邮件给托管服务商,告诉对方你请求"撤下"一个网址,并解释原因。合法服务商会认真调查,如果他们认可,就会向侵权人发出自己的要求函。如果他还是置之不理,服务方就会取消这个站点。

8. 聘请律师维权。假如服务商不能见光、能力低下,或者远在海外,可能你就需要聘请律师做代理。在诉讼费用与你自认为所受的伤害程度之间,必须权衡。打官司会非常昂贵,而且不能保证打赢。真正的侵权者能够巧妙规避,令人难以置信,而且他们在网络消失和重新冒头的速度,远远快于法律程序生效的速度。

　　就该话题我留给你的最后忠告如下：切莫让"尾巴摇狗"。换言之，就是不要仅仅因为偶然有人侵权，就使得合理合法的读者——绝大多数读者——再也不能接触你的内容，这样太不值得。正如我在开头所讲，身为作者，你的最大问题是籍籍无名。复制你内容的人越多，知道你的人就越多。最终是你获利。

二十八　　谨防写博误区

假如你希望增加博客访问量,就必须避免特定的一些错误,才能成功。一旦犯了这些错误,访问量绝不可能增加。更糟糕的是,它会停滞不前,甚至下滑。

我怎么能如此断言?须知,在写过1200多篇博文,得到过十多万条评论之后,我犯过无数次错误,其中的大多数你可能都会犯。这种结果的取得缘自特定模式的形成。

下面是访问量的十大杀手:

1. **发帖不勤**。博客业余爱好者可能间隔几周才发一次帖子。但是,频率足够才能把男人从儿子身边、女人从女儿身边夺走。正如我早已强调过的那样,文章不经常更新,就不可能建立稳定的访问量。采用谷歌分析,我一次又一次目睹了发文频率与访问量之间的直接关联。在合理范围内,我发文越多,访问量就越大。

2. **发帖过勤**。没错,这也是让人望而却步的可能原因。一天之内,人们最多来一次听你所言,除非是博客群或者新闻网站,他们会频繁登录。与其一天写几篇庸常的博文,还不如集中精力,一天就写一篇真正精彩的文字。诀窍在于要找到属于自己的最佳频率。至于我,每周发帖4~5篇比较合适。

3. **博文太长**。塞思·戈丁是精炼短文大师，其博文通常在 200 ~ 400 字之间。我打算不超过 500 字，但传上去却常常到了六七百字，有时更多。如果你的帖子可以扫描浏览，就是说，你用了小标题、列表，以及别的手段，吸引人从头到尾过一遍你的内容，那就能侥幸逃过这一劫。如果一篇博文开始变得太长，应考虑切分成为几篇。

4. **未邀人参与**。当我谈及参与，指的是页面浏览、读者评论，以及涉及你的社交媒体。Postrank.com 是衡量类似参与度的工具之一。对我而言，最能引人参与的博文是那些有争议性的、坦率的（尤其是在挫折方面），以及/或者开放式结尾的。这就是我为何在每一篇博文的最后尽可能留置一个问题的原因。

5. **不参与交流**。如果博主对自己博文所引起的评论不管不顾，既不参与读者交流，也不回应读者的问题，就正如主人在家里招待宾客，露个脸之后就消失得无影无踪。在任何其他场景里，这种行为举止都会让人感到粗鲁无礼或者是怪诞不羁，这一情况同样适用于博客。人们需要的是交流，对象是你。

6. **内容不突出**。由于我身在出版业（现在与其说是首席执行官不如说是顾问），因而常常被问道，我是否认为人们越来越少阅读了。回答很简单：不少。实际上我认为，人们现在的阅读量大到前所未有，只是阅读方式有所改变而已。读者注意力缩短，对文章一扫而过，只寻找自己感兴趣的内容。

7. **标题不醒目**。必读网站 CopyBlogger 的经营者布莱恩·克拉克讲，"平均说来，十个人中有八个会看看标题，但是只有两个会阅读全文。"这意味着，写作最重要的是标题。幸运的是，布莱恩写过一组完整的系列博文，叫做《如何写出引人瞩目的标题》。建议你每一篇都读读。

8. 第一段薄弱。这一点至关重要。假定你的标题起得很好，人们接下来就会阅读第一段。你必须利用这一段把读者拉进博文中。要用故事、承诺，或者是令人震惊的事情开头，旨在夺取注意力，并牢牢抓住其不放。许多博客作者把时间过多花在文章架构或者是交代背景上。其实，只需要抓住这一点。

9. 杂乱无章。假如你是博客业余爱好者，偶尔发表偏离基本主题或者个人品牌的帖子，可能会侥幸成功。但是，如果你要搭建平台，则需要找准写作重点，紧盯不放。紧紧围绕重点，访问量就大。我尽力把自己的重点收缩为领导力、效率、社交媒体和图书出版四个方面，这就是原因。假如我想写点别的什么事情（比如，健康问题），也是从这四个方面切入。

10. 只写自己。如果你不是名人，读者就不会关注。也不见得是名人就被关注。他们关注的是自己，想要知道博文中跟自己有关的内容。个人的故事只是敲门砖，优秀的博文最终都要结合读者的需要、恐惧、疑难，或者忧愁烦恼。要随时自问，"读者能从中得到什么？"

当然还存在别的错误，上述十条并非面面俱到。但是，假如不犯这些错误，你就会在提升访问量和扩张网络大本营的道路上越走越宽广。

平台
自媒体时代用影响力赢取惊人财富

二十九　重视"关于页面"

当我浏览自己的博客统计数据时，总是好奇地想找出哪些博文最受欢迎。结果让我吃惊的是，"关于页面"（About Page）总是雄踞于最多访问页面的前十位。

在此之前，我从未太多考虑过"关于页面"，只是知道它必不可少，没想到它其实也是机会。显然，点击率高的地方就意味着机会。

仔细想来，就会明白。当我们访问一个生疏博客，都会首先浏览"关于页面"，以便于对博主多一些了解。

那么，怎样才能使"关于页面"更出众？下面有10条建议：

1. 以第一人称写作。博客很私人化，当然也包括"关于页面"。不要以第三人称写作，就像是别人在写关于你的故事。这是博客，不是书。莉·德拉蒙德的博客先锋女人的"关于页面"就做得非常温馨而轻松：

大家好！我是莉·德拉蒙德，人们还叫我先锋女人。我患有轻度恐旷症，在牧场做人妻，是四个孩子的妈妈。欢迎光临我的领地！

我在一个自治城市的高尔夫球道上嬉闹玩耍长大，家里有三个孩子，我是老二。

小时候我是一个可爱天使？没那回事。

高中毕业后，我觉得自己需要开阔视野，到加利福尼亚去上大学，然后找了工作，每天穿一双黑色高跟鞋去上班。我吃寿司，到半拉子师傅的铺子修剪脚指甲，甚至还有一次在电梯里吻了詹姆斯·加纳。我深深地爱上了他，尽管我们的关系仅仅维持了 47 秒。

出乎意料，回家乡没待几天，我碰上一位粗犷的牛仔，竟然掉进爱河。现在，我辛勤生活在一家遥远的养牛场里。每天的时间就消磨在孩子们的吵闹、刮干净沾满牛粪的靴子以及洗衣做饭之中。我都不知道自己怎么会落到这步田地……但是，你知道吗？我爱这里。别说出去啊！

我的网站 PioneerWoman.com，希望能让你喜欢。被宠坏的城市女孩如何转变成为乡下家庭主妇的过程，十分漫长，我每天所写，都是这个故事。

2. 以对话体来写作。这种写法会让人身临其境，产生一种亲耳听到你的"声音"的感觉。如果我的统计数据具有代表性，该页面是首访地之一。人们会想当然地认为，"关于页面"的风格就是你的写作风格。

3. 以读者为出发点。我浏览过大多数博客的"关于页面"都主次颠倒。这里，我指的是博客作者往往以个人简介为出发点，再转向个人兴趣，然后（偶尔）才触及读者的兴趣点。我建议颠倒过来，从读者的兴趣出发。

4. 向读者介绍自己。作为读者，我首先想了解的是你这个人。但是你应当经得起诱惑，不要一上来就将自己的情况全盘托出，至少开头不要这样。简单的一两句话足矣。

5. 介绍个人博客。你的博客要写些什么？要尽力概括为一个主题。比如我，主题就是领导力。接下来解释你要写哪些领域的事情。我认为，类别要尽量压缩。内容越集中，就越能吸引到读者。

凯特·麦卡利的"女人凯特的独自冒险之旅"博客中的"关于页面"写了几件她的趣事（曾经遭遇船只失事，曾经与乔恩·斯图尔特调情，辞掉工作去周游世界），然后直接进入主题：

在内心深处，我是一个孤独的行者。我的目标之一，就是要向世人证实，女人独自旅游也能安全、简单、便宜，还充满乐趣。

我致力于向你展示一个长期旅行者宛若网络企业家的生活方式。同所有世人一样，我有欢乐时光，也有倒霉日子。但是，我保证向你坦露真实，并且以诚实和幽默的方式。

6. 设置读者预期。告诉读者你每隔多久会发一篇博文，但是不要告诉他们你自己希望间隔的时间是多久。相反，你要告知大家的是一个确定的时间频率，并且要遵守诺言，这个频率可以依照自己发博文的平均时间间距来确定。

7. 邀请读者订阅。在我看来，这是召唤读者最重要的行动。不要一厢情愿地寄希望于读者会记得自己的博客并不时返回。相反，你可以主动邀请他们订阅博客内容，这样每当你更新的时候，大家就都会收到新的博文内容。

8. 指出个人最佳博文。这是一个邀请读者参与"品尝佳酿"的良机，由此将他们引向更深入的内容分享，体验自己精心酝酿的佳作。谷歌分析软件，或者是你个人博客上的数据统计软件包都可以为你提供最受欢迎博文的一览表。你还要向读者指出自己的博客归档，告知大家那里有更多的内容。上述"女人凯特的独自冒险之旅"最具号召力的博文有：

- 2011 年度最佳照片
- 我的冒险之旅——从 A 到 Z
- 伯明翰圣诞市场的一天
- 全职旅行者一年的生活
- 如何系贝都因围巾

9. **提供个人全面简历**。有些读者会对你的个人全面介绍更感兴趣。"关于页面"就是你上传简介的地方。你可以与大家分享自己的教育状况、工作经历、曾撰就的书籍、目前的兴趣爱好、家庭，等等，不一而足。你越是一个真实鲜活的人，越有人愿意与你联系。

10. **提供个人联系方式**。为何要藏着掖着？放松心态来看待这个问题。只要时间允许，我很喜欢聆听读者的声音，甚至回答各种问题，尽管这样做有时会增加额外的工作负担。（你也要说明哪些事情不要与自己联系。）除此之外，你还要让访客去追随你的微博和脸谱网，因此，也要提供这些页面的链接。

最后，你或许希望为个人微博简介创建一个单独的"关于页面"，以使得微博粉丝有更具体的直观印象。创建完毕，就把页面链接置于简介当中。

以上 10 条最为要紧。除此之外，还有几条附加建议也许对你有用。按照我的个人看法，下述意见仅供参考：

1. 附加照片或视频。我现在已经上传了一些在侧边栏上（都是滚频播放），因而没有在"关于页面"上单独添加。假如你在博客侧边栏尚未添加，就请加在"关于页面"上。人们想要看看你的模样！另外，假如你已经年过四旬，请别用高中毕业照，也别用经过加工处理的照片。务必可信，确保真实。

也许你考虑过添加欢迎视频短片。这样就会使得博客显得更为人性化，更有热情。

2. 添加版本记录。出版社通常会在书的末尾添加这一项，介绍其中所用的字体、纸张等细节。你可以用于介绍自己构建博客所使用的技术（例如系统、主题、托管服务，等等），以及字体类型、摄影技术，还有那些你认为值得记录的任何事情。为了这些细节问题，我每周收到的电子邮件之多，会让你大吃一惊。

3. 考虑免责声明。如果你在为别人打工，这一点就尤其重要。不要让读者将个人博客与所就职单位的官方立场混为一谈。

最后，你必须不断更新"关于页面"。我通常三个月左右更新一次。须知，这是你博客中最重要的页面，无论如何都要重视它，确保其完美无缺。

下面是我的"关于页面"，你可以从中看到本章讨论的许多内容。下划线部分是实际页面的超链接。

第三篇
构筑网络大本营

关于博主

我是托马斯·纳尔逊出版公司董事会主席。本公司为世界最大基督教出版公司，也是美国第七大商贸图书出版公司。

这里是我的个人博客，其主题在于"领导力"。我的人生哲学是，要当好领头人，就必须思维缜密、目标明确。

我的写作范围涉及领导力、效率、图书出版、社交媒体，偶尔也超出这个范围。有时我也写写新近所得与大家分享。

我的目标是，创作有深刻洞见，并且切合实际的文章，使你能够应用于个人生活与职业生涯之中。如果你身处——或者希望身处——领导岗位，那么，我的博客就是为你而写。

一般来说，我每周发文三至四篇。为确保不错过我的最新博文，你可以通过RSS或者电子邮件订阅。我也接受刊登少量广告。

我的最佳博文

假如你是初次来到我的网站，也许你应该从我最受欢迎的文章入手。下面是我每个门类下最受欢迎的前三篇文章。

领导力

- 制定人生规划
- 领导者核心的重要性
- 无能领导的五个特征

效率

- 没错，你可以得心应手运用电子邮件
- 怎样才能每周少花10小时工作

- 早餐之前杀死影响效率的恶龙

图书出版
- 对初学写作者的忠告
- 代表基督徒作家的文学代理
- 写作优秀图书的建议

社交媒体
- 你写博会犯这十种错误吗？
- 微博新手指南
- 开通微博的12条理由

大杂烩
- 我穿伐柏拉姆五指跑鞋
- 领导者二十问
- 任何情况下都该谦卑？

你还可以查看我的博客存档，上面有我每一篇文章的列表。你也可以用侧边栏我照片下方的搜索功能查找其他你可能感兴趣的博文。

我的简历

我在图书出版界度过了全部的职业生涯。我还在贝勒大学读书时就进入文字出版社，在那里整整干了六年。同时，80年代中期，我在托马斯·纳尔逊担任营销副总裁。1986年，还与合伙人罗伯特·沃尔格马思共同创办了自己的沃尔格马思与哈耶特出版公司。1992年，文字出版社收购了我们的公司。

第三篇
构筑网络大本营

从1992年到1998年初，我是成功的文学代理人。然而，我还是难以割舍对出版公司的情愫，结果在1998年重返托马斯·纳尔逊。我在公司及其下属部门担任过多种管理职务，从2005年8月至2011年4月我担任首席执行官直到由马克·舍恩沃尔德接任。除此之外，2006年至2010年，我还是福音派基督教出版协会主席。

我也写过四本书，其中一本荣登《纽约时报》畅销书名录，并连续七个月稳坐其中。我眼下正在为托马斯·纳尔逊写作新书，书名叫做《平台：从喧嚣世界赢取声名》(2012年5月）。

我娶盖尔（请关注她的微博 @GailHyatt）为妻已经33年。我们住在田纳西州纳什维尔市郊外，有5个女儿、4个外孙、3个外孙女。

业余时间，我喜欢写作、阅读、跑步，还打高尔夫。我在田纳西州富兰克林县圣伊格内修斯教会担任执事已经23年。

我的联系方式

可以通过电子邮件联系，也可以关注我的微博或者脸谱网个人网站。

请注意：我不做个人图书评审建议，也不推荐具体的文学代理人。

版本记录

我的博客版本是 WordPress 3.1（自托管）。我的主题是定制版本中简单而又方便的 WordPress 标准主题。Milk

Engine 做的初始定制，StormyFrog 做了一些添加。我强烈推荐这两家公司。

就设计而言，正文是乔治亚字体，标题和副标题是 Trebuchet MS 字体，字幕和其他一些随机文本元素是 Arial 字体。我的多数照片由基利·斯科特拍摄，劳雷尔·潘克拉兹也拍了一些。我个人博客中的大多数图片是从 iStockPhoto 下载。（使用此链接从图库下载，有 20% 折扣。）

我的网站由 Linode Cloud 托管，广告由 Beacon 广告的明迪·斯普拉德林打理。

免责声明

这是我的私人博客，所表达的任何观点并不代表我所就职的托马斯·纳尔逊公司。本博客所有的信息都按原样提供，我不能确保其准确性、完整性、时效性、实用性或者有效性，因而不对其任何错误、疏漏或者延迟承担责任，也不对使用这些信息带来的任何损失、伤害或者损害承担责任。

三十　打造登录页面

网站登录页面突出展示某一特定产品。之所以叫这个名字，顾名思义，无论你是使用电子邮件业务通讯，还是社交媒体、附加链接，抑或是其他任何营销手段，当你向人们介绍产品，都首先要引导他们到此页面登录。

登录页面的目标是将兴趣转化为行动。从一定意义上讲，它就是永不停息——每天 24 小时，每周 7 天——全天候为你效劳的售货员。

以我为例：

·我博客的演讲页，目的在于说服会议策划人预约我去他们的活动中演讲。

·我博客的"制定人生规划"页，目的在于把随便逛逛的读者转化成为忠实的订户。

·我博客的"写作优秀图书建议"页，目的在于向有抱负的作者推销一两种我关于写书建议的电子书。

问题在于，有时候登录页没有章法，访客登录后茫然不知所措。结果就导致不能产生预期效果。

如果你正要发布一种新产品、新服务，或者开拓某种事业，就需要设置登录页面。它可以是你的主页，同样可以是一个单独页面（就像我的个人博客），不管怎样，它必须让读者感觉自己到达了一个目的地。

我学习制作有效的登录页面，可谓费尽周折。2002年我制作的登录页，当年就产生了十多万美元收入。（由于该页面已经不再活跃，在此不能链接分享。）我2004年制作的登录页却彻底失败，投进去1.2万美元，收入还不到5千。（当然我撤掉了这个链接。）我原以为它包赚不赔。

前不久，我为自己的两本电子书创建了登录页面，它们分别是《写作优秀非小说类图书的建议》和《写作优秀小说类图书的建议》。在该页面上，我对两本书采取零售和打包销售两种模式予以营销。

截止到2011年8月31日的此前12个月间，我共售出1097册电子书，总收入为23730.64美元。从2009年10月（两年多以前）我开始销售这两本书以来，我共售出2239册，总收入为44681.45美元。至于我的成本，无非是编辑排版、输入、封面设计，以及后期的一点维护费用。

这些收入的取得可谓不费吹灰之力。我建立起网页，将其与网迷和网上支付宝对接起来，就可以坐享其成了。至于销售、下载链接、信用卡支付，等等，全部可以自动处理。书款也自动存入我的支付宝个人账户。

有趣的是，这两本电子书每个月产生的收益大体相当，平均约合2000美元。因此，我决定分析登录页面，看它有无亟待提高之处。我当时想，这样一个平庸的登录页面每个月可以产生2000美元收益，如果加以优化，效果会怎样？想到不如做到，我很快就彻底更新了页面。

改进后的效果惊人。日均销售收入从 3.8 美元提高到 10.6 美元，飙升了 279%。这些只是电子书发布后的数据，发布当天即售出 43 本，我当时觉得这个数字应该是个例外，未料想目前的日销售量已开始逼近这一数字。登录页面目前产生的年销售额为 8 万多美元，对于两本我自己发布的电子书而言，这也算是佳绩了。

基于我个人正反两反面的经验，下面总结出能产生效果的登录页面的七大特征：

1. **标题**。所谓的"虎头、猪肚、豹尾"，这里讲的就是第一个要素，其特点必须是强劲有力、吸引人心，让人欲罢不能。在你的个人页面上，没有什么比标题更重要。假如访客丝毫不为你的标题所动，那么其他一切都不会进入他们的法眼。在此，我强烈推荐大卫·加芬克尔的著作《助你致富的广告标题：制作优秀广告、网页、销售函件及其他》，那是无价之宝。

2. **文案**。你需要从消费者所关切的问题出发，写出能够让人怦然心动的销售文案，阐明你的产品为何是最佳选择，然后提出一个让人欲罢不能的报价。我再次强烈推荐大卫·加芬克尔。他的教程《迅速、高效做文案》真是上乘之作。我每周都向它求助。书很贵，但物超所值。我的第一条广告就完全得到了回报。

3. **照片**。产品照片同样重要。我一直使用 BoxShot3D 处理软件。它提供的工具能够使得产品形象突出，以作品为例，你可以到我的电子书"写作优秀图书的建议"页面浏览，即可看到其中附加的该书照片。

4. 口碑。要吸引人们来购买自己的产品，没有什么比口碑更有说服力。阅读第十四节"找到最佳代言"，重温其重要性与寻找渠道，尽力获取名人代言和用户、读者代言。

5. 承诺。人们会对网购心存顾虑，尤其是对你一无所知的时候，有一千个理由使他们不敢贸然出手。要让他们宽心，自己主动承担交易风险，承诺不满意就退款。我卖出了几千本书，其中只有五个人提出退款要求。真金不怕火炼，产品质量好，自然就不存在风险。

6. 报价。必须说，这才是见真功夫的时刻。你必须定价、报价，要做到不把自己贱卖了。我的电子书曾经定价 9.99 美元、19.99 美元和 29.99 美元三个价位，实际上第二个价格卖出的数量比第一个更多。我想，其中部分原因在于人们认为价格就是价值的体现，在合理的范围内，你报价越高，他们就越倾向于认为产品有价值。

7. 行动召唤。你必须大声叫卖招揽生意，这在营销上叫行动召唤（Call to Action）。在登录页面，它必须被设置得清晰明确、位置突出。我建议将它置于页面的右上角。问问自己，当访客阅读文案后，我想要他们采取的唯一行动是什么？就我个人而言，就使用了一个大大的红色按键标识。

如果发布新产品、新服务，或者推广某种事业，你需要能产生实效的登录页面。假如你想把读者变为客户，再变为圈子成员，它不可或缺。

三十一　　制作演讲页面

随着公开演讲变成我的工作重心，就必须更新我的演讲页面。我强烈建议你把公开演讲视为搭建平台的重要组成部分。这对于提升知名度、促进产品销售，以及增强受众信任，都是极为重要的途径。

在我开始重新制作演讲页面之前，研究了大量职业演讲人的演讲页面，并对其中自己喜欢的和不喜欢的都做了针对性的笔记。

最重要的是，我尽量站在活动主办方的角度来评估这些页面。因为他们才是我最主要的受众。近年来，我参与策划过数百场活动，深知对他们而言，发掘有潜力的演讲人才是重中之重。

下面是制作有效演讲页面的9个关键步骤。

1. 确定行动召唤。换言之，当读者浏览你的页面时，你期待他们做什么？我过去常常邀请读者预约我前往演讲（我会提出"如需我出席贵公司活动，请与我的经纪人联系洽谈。"）。但现在我认为自己一上来就主动请求有些过头。

学习其他一些演讲者的做法，我现在转而邀请读者了解我的价值所在。这样一来，第一步既无风险，又显谦逊。他们点

第三篇
构筑网络大本营

击按钮,进入一个附带简表的单独页面。按钮制作如下:

> 了解我的价值

我的行动召唤按键做成红色,以确保其在博客中显得突出而醒目。我把它置于整个页面的右上角,那个位置没有人会忽略。(这可以说是整个页面中最重要的地方。)我同样将该按键放在页面正文的不同地方,让其反复出现。

2. 制作欢迎视频。注意,不要搞得太复杂,一分钟足矣。我的欢迎视频是和妻子盖尔在自家书房摄制的。你的目标是让读者(也就是活动主办方)认可,附带提供一段个性鲜明的页面内容预告片。页面本身才是你的内容文本。

也许你有兴趣知道,我摄像用的是佳能 60D 照相机,带三脚架。颈挂式微型话筒是无线电器材公司生产的 Audio-Technica ATR 3350,带单声道与立体声适配器。没有另用专门的灯光。

143

我用 iPad 2 作提词器，配一台波德林科技公司生产的 Proprompter HDi Pro2 液晶显示屏使用。

我用 iMovie 编辑视频，然后上传到视频网站 Vimeo。比起播客网，我更喜欢 Vimeo。它的选择范围更广，甚至低精度的视频播放器和自定义缩略图像都能使用。

3. 设置页面总览。 以最能打动自己的方式安排页面顺序。我的个人页面也征求过经纪人的意见，他的有些建议非常宝贵。

无论如何，你要让页面以能够打动活动主办人的顺序编排。他们有些人想先看最热门话题，有些人则想先看视频片段。

你所能够期待的

我的点滴

我的视频片段

我的最热门话题

别人在说些什么

最近的预约

从前的演讲

今后的安排

制作小标题目录，然后超链接到其实际页面。这样人们选择什么顺序浏览都可以，而且每页底部都有"返回顶端"链接，点击总能回到目录索引。

这里解释一下潜在买家能有些什么期待。人们购物，并非仅仅买回产品，而是购买一种体验。预约演讲人也同此理。活动主办人购买的不仅仅是演讲，而是围绕演讲的全部体验。

它们包括：

第三篇
构筑网络大本营

·你的经纪人与活动主办人的接洽方式，包括其回答问题的机敏程度。

·演讲之前与你的第一次电话沟通。

·你通过博客和社交媒体网络对本场活动的宣传推销（假定主办方对此有所要求的话）。

·为本场活动所有参与者提供一个自定义资源页面。它包括你演讲时用的幻灯片（链接幻灯片分享网 SlideShare·net，以及同相关书籍、博文和你认为有用的其他资源的链接。

- 活动结束后对承办方的及时跟踪回访，落实演讲效果。

4. 一份专用简历。我从前演讲页面上的简历，只是从博客"关于页面"上复制粘贴过来而已。然而，真正明白什么对活动策划人最重要之后，我才意识到它需要彻底改写。

从演讲经验写起，再补充一些媒体经验，其中包括你所上过的电视台和无线电台重要节目。以我为例，最有趣的莫过于其数量之大。我已经上过1200多次节目。

然后介绍资格资历，其中包括工作经历和社交媒体平台的活动影响范围。结尾则是简短介绍家庭和个人爱好，使简历充满人情味。

5. 组合视频剪辑。这一步可能最为重要。活动主办人想要看看你在现场听众面前如何表现。

应该邀请每一位主办人来为你摄制视频。许多人都不会来，但只要发出邀请，来的人之多，让你吃惊。你是在寻找一个一两分钟的机会，得以在现实的环境中表现自己。

我还用视频快手（SimplyVideo）把我的所有录像收集拢来，做成一个两分半钟的简短视频演示，供主办方开会研究时用，供其他人决策时用。该软件使用方便，效果也不错，我很满意。

简短演示视频

下面是一段快速视频演示

公司背景

下面是在各个公司演讲的一些样片

要看更多视频,请点击这里

6. 热门话题清单。你有必要围绕个人博客中最热门的话题列出一份清单。这一步工作量可能相当大。我只得回顾过去三年的演讲,并找出其中最受欢迎、而我又觉得与自己个人品牌相一致的话题。

编好清单,再为每一个话题写一份简短描述、找一张照片做图标。我的图标都是在 iStockPhoto.com 下载。我认为视觉元素至关重要。下载照片完成后,再用 iWork Keynote 软件工具做成幻灯片演示,然后导出幻灯片做成该话题的缩略图。

我的热门话题

我的演讲集中于领导力、工作与生活的平衡、效率，以及社交媒体方面的话题，并可以根据贵单位的特定需求量身定制。我的目标是帮助你实现自己的目标。

我的热门话题有以下这些。记住，就这些话题，我可以做主题演讲，也可以开办讲习班，还可以举行半天、有时候全天的研讨会。

平台： 在今天这个超级喧嚣的世界，要想引人瞩目难于上青天。你需要平台，借以让人看到、听到。谢天谢地，它又是从未有过的那么简单。这一演讲，我将论述如何利用社交媒体建立个人品牌、降低营销费用，并提升你的影响力。

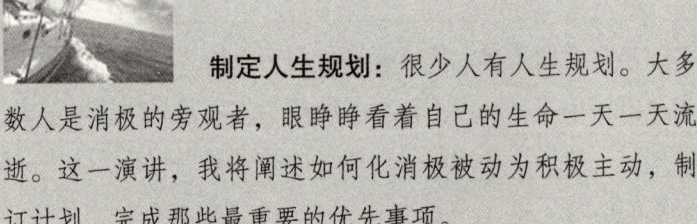

制定人生规划： 很少人有人生规划。大多数人是消极的旁观者，眼睁睁看着自己的生命一天一天流逝。这一演讲，我将阐述如何化消极被动为积极主动，制订计划，完成那些最重要的优先事项。

转变： 凡事都在瞬息万变，不管是经济、人口，还是社交媒体，等等。由此，作为领导人，团队又该对我们寄予什么样的期望？这一演讲，我将指出领导人要实现有效领导，在当今后现代世界中必须实现的7个转变。我们不可能回头走老路。这是全新的常态。

7. 收集成功代言。代言最好来自以前成功合作过的第三方。这一点同样至关重要。代言是第三方认证。别人可以夸你，你却绝不能自夸。

作为固定程序，演讲结束后，总要立即请求主办方提供代言。这正是你的演讲在他们脑子里最为鲜活的时候，也正是他们处于兴奋激动之中，很可能写下极佳口碑的时候。

我以两种方式使用代言。代言全文用在右侧边栏。然后提取其精华输入 WordPress "滑块"，置于中间正文。我用 NivoSlider 软件完成此工作。结果看上去就像这样：

> "他仿佛施了魔咒，
> 令全场8000多大学生为之倾倒！"
> ——约翰尼·摩尔
> 副校长兼校园牧师
> 自由大学
>
> ○ ○ ○ ○ ○ ○ ○

8. 植入近期行程。对演说家而言，日程表安排越满越好。它表明你很受欢迎，从侧面证实你并非自吹自擂。

至于软件工具，我还是要推荐过去常用、被称为 GigPress 的一款 WordPress 插件。它棒极了。然而，由于演讲页面更换，我让网络开发人员编写了一些自定义码。我想要通过博客上的短文预告每一次演讲安排，并将该文自动植入日程表。

日期	主题/活动详情		城市/其他
0915/2011 07:30-08:30 上午	主题："如何做到更快"		克利埃勒姆市，华盛顿州
	活动：	冠军建筑体验2011	公共活动
	主办方：	冠军建筑	报名参加
	地点：	华盛顿州克利埃勒姆市Suncadia小道Suncadia度假村3600房	了解更多信息
+ 09/15/2011 11:15-12:15 下午	讲习班："怎么做到每周省出10小时工作时间"		克利埃勒姆市，华盛顿州
+ 09/15/2011 09:30-11:00 上午	主题："创造截然不同的业余生活"		克利埃勒姆市，华盛顿州
+ 10/05/2011 02:15-03:30 下午	讲习班："领导核心的重要性"		德卢斯市，明尼苏达州

我还想展示完整的日程表，写出活动策划师(或者只是有兴趣听我演讲的人)，以便能够扩大活动规模，或者查看更多细节。

9. 提供演讲照片。一张足矣，以便于让活动主办方看到你的真实演讲,十分重要。照片要的是你在一大群听众面前神采飞扬的模样。这使得主办方能够看到听众面前活生生的你。请专业的摄影师来拍这张照片十分要紧。

认真考虑照片中你想要表现出什么样的形象,然后把你的目标告诉摄影师。请他把大群听众的场景一起拍进去。

运用这些小窍门,目的在于尽最大可能使人们决定邀请你去演讲。我的朋友、喜剧演员肯·戴维斯,为此更是不辞辛劳。除了做到本章所谈及的大多数事项外,他还在预订页面添加了一些额外的促销内容,使得无论谁,只要预约他演讲,其他一切几乎都是水到渠成。

使用肯网站上的工具,活动主办方可以对活动发出定制邀请电子邮件,可以下载照片、定制的新闻稿、用于印刷的海报,以及促销活动所用的音频视频片段。甚至可以取得免费网站横幅、WordPress部件,以及用于主办方自家网站的特定流行横幅。最后,还给主办方一个缩略网址,以方便人们了解活动内容。你也可以像肯一样,构想一些富有创造性的主意,让活动主办人能够轻而易举点击行动召唤按钮。

假如你把公开演讲也囊括在自己的平台搭建计划之中,我建议你把上述大多数——或者是所有——技巧都组合运用于你的演讲页面,并考虑增加一些自己富有创造性的方法和风格。

三十二　　忘掉数量指标

几年前，我的博客读者数量一度连续好几个月都处于平稳期。（在第四十一节再谈博客的数量指标）。每月的访问量相对固定，对于一心要当"成功人士"的人来讲，无异于如鲠在喉。我立即猜测，是不是我哪里做错了？

如果你们跟我一样永无停息，喜欢攀登高峰，而不喜欢保持现状，这就正是我们中许多人情绪起起落落的原因。如果数字不是朝着积极方向迈进，我们会沮丧郁闷，兴味索然。

坦率讲，这使我不得不重新思考自己为什么写博。每个人的原因各不相同。一位年轻博主这样说道："有所奉献，就有所回报。我们也许得到了友好的评论，有人或者为我们释疑解惑，或者道出我们全然不晓的真知灼见。"对此我深有同感。

过去我曾经讲过，我写博基于五条原因：1. 提高公司知名度；2. 表达公司愿景；3. 将对我有助之人连接成网；4. 倾听读者声音；5. 做新一代领导者的良师益友。

但我越想越觉得这都是写博的好处，而非写博的原因。事实上，我写博是为了厘清自己的思想，把最好的想法归类存档。一句话，我写博是为了自己。（但是，欢迎你继续读下去！）

这样，有十位读者与十万读者也毫无差别。《航海家》杂志创办人道森·特罗特曼几十年前的话，一语中的："思想从唇间、从指间流出，一团乱麻就变得条理分明。"写作会使你的生活、工作，以及其他最重要的事情变得更加条理分明。有此足矣。你的所得已经远胜于众人。

———

网络大本营是平台的核心，在第一时间将其了解透彻有助于走向成功。本篇阐述的内容，大多数都是我走过曲折之路后的宝贵心得。我希望这有助于你少走弯路、少受煎熬痛苦。闲言少叙，请跟随我走向下一篇——扩大影响力。

第四篇
扩大影响力

第四篇
扩大影响力

三十三　　吻别传统营销

相信你看到本节标题之后会深感诧异，想知道为何扩大个人影响力会以抛开传统营销为切入点。毕竟，你所希望了解到的是如何构建平台并使其固若金汤，广受关注。

一切都需要靠营销实现，不是吗？而你不是专门雇人来负责营销吗？诸如此类的所谓营销，是公关人员四处拨打推销电话，或者广告代理商不计成本制作时髦前卫的杂志广告。对于那些囊中羞涩者而言，则意味着制作简易广告单张、派发传单，或者在地方小报的角落刊登小广告，抑或偶尔见缝插针在广播台买一个广告插播时间。

无论以何种形式呈现，据我所知，大多数具有创造力的人士都讨厌营销。他们希望致力于建设性的事务，包括产品创新、写作、演讲，或者是娱乐。但是他们讨厌自我推销或者"王婆卖瓜"的思想。

如果你正是这种人，我要带给你一个好消息，就是营销见鬼去了。

诚然，我有些夸大其词了。

营销或许并未见鬼。但是，在社会化媒体占据主导的今天，它已彻底变样，这种变化格外引人注目。

群落建设（Tribe-building）是一种全新的营销模式。

营销不再是人头攒动的市场上声嘶力竭的叫卖，它是同道中人共同参与的对话；营销不再是交易至上，而是建立关系；营销不再是为了一己之私开发市场，而是为那些能够与自己分享激情者服务，实现互惠互利。

赛斯·高汀的开创性著作《群落：一呼百应的力量》，将群落定义为"彼此相互联系，并联结于一个领导者和一个理念的人群"。

我阅读本书是在它2008年刚出版之时，今天看来，它仍然颇具现实意义。如果你真打算打造一项创造性的终身事业，它是必读之书。

高汀认为，群落只有两个条件：志趣相投和交流机制。

具体案例俯拾皆是：

·**苹果用户群**。只需走进苹果零售店看看。人们到这里不仅仅是购买产品，而是前来与同道中人交流切磋，分享激情。当其他零售商们为着业绩苦苦奋战时，苹果面对的却是供不应求的客户群。

·**戴夫·拉姆齐粉丝团**。拉姆齐创建了一个巨大的群，群友们都有着近乎宗教般的热情，渴望能够自己操控自己的钱包，走出债务重负。毋庸置疑，他的人生哲学已经让数以百万计的人们产生了希望。

·**唐·米勒读者群**。他的处女作《像爵士般忧郁》（Blue Like Jazz）连续好几个月都是《纽约时报》畅销书。他想把这本书改编成电影，可惜筹不到钱。群友们为了不让这个希望破灭，自发组织筹钱。

·**万能笔记用户群**。有谁能够想到,一个简单的软件数据库会形成如此庞大,而且还在蓬勃发展的用户群?万能笔记拥有1200多万注册用户,吸引了形形色色充满激情的人们加入其中。

我作为这4个群落的一分子感到无比自豪。

但是对于富有创造力的人而言,其关键在于:建群是通往成功彼岸的船票。这正是平台的全部意义所在。它是你与群落成员之间的关系纽带。

至于如何建立群落,我有4条建议:

1. **开发激情**。营销是与人分享自己所钟爱事物的行为,仅此而已,没有更多意义。

这里让加里·维纳查克来现身说法,他所创办的"葡萄酒电视图书馆"播客,于2006年建群之初,并未被人知晓,如今他已不再更新发布,群落却十分庞大。这都源于他将自己对于葡萄酒的激情开发无余。

每天,有数以百万计的人们进入加里的短视频节目,以发现自己尚未知晓的葡萄酒种类,并加深对自己所心仪之酒的了解。如今他已经转身投入更宏大而又美好的事业当中,但是,他起初的努力证明了一点,就是一旦努力开掘自己的激情,其结果将难以估量。

2. **毛遂自荐**。你需要自愿来领导群落,因为没有头,群落就无从谈起,有的只是熙熙攘攘的看客。

营销的实质就是引领想要跟随你的人们一起前进,他们只是需要一个领袖,来带领自己去往久违的梦想之地。

3. 慷慨大方。以往的营销理念是向人索取，但事实已经证明，"施比受更为有福"，这句《圣经》里的话语无疑是最卓越的营销策略，当你的领导致力于服务和奉献，人们就甘心乐意地选择跟随。

4. 交流渠道。人们天然地需要交流，需要一条分享自我故事的通畅路径。

在《群落》一书中，赛斯勾勒出4种类型的群主，如果你真的要建立群落，就必须提供4种交流渠道：

·群主与群员之间

·群员与群主之间

·群员与群员之间

·群员与群外人之间

真正的问题不再是出版公司、唱片公司，或者任何别的第三方是否愿意推销你的产品，是否愿意为你的成功勾画愿景。如今，问题的实质在于你是否愿意挺身而出，领导同道中人忠于一个群落，并共同分享你的激情。

第四篇
扩大影响力

三十四　　区分轻重缓急

不久以前,在准备与我的一位大客户会见的过程中,我访问了他的网站。他想要扩展自己的平台,而我是他的顾问。这次访问使我再一次想到,会有多少生意人认为,只要在网络空间挂上一页网站,就是在树立个人品牌。事实一再证明,并非如此。

这位大客户的网站看上去棒极了,图表美轮美奂,Flash动画的使用恰到好处,堪称佳作。其中还运用了大量特技。于是我决定使用 HubSpot 营销分级设置来运作他的网站,这非常简单,就像 CAT 那样的免费网站扫描工具一样,立竿见影——我那客户的网站运营效果惨淡。

基于更新后获得的数据,我决定做一些调查研究。接下来,我用同样的方法,浏览了我客户中排名前十二的客户们的网站。在你看到下面图表中呈现的结果时,请谨记:

·网络级别概览是网络分级运营商 WebsiteGrader.com 所做的网站级别排名。它基于一套复杂的标准而建立,其中包括下面几项。

·谷歌网页排名显示出谷歌所统计的一至十的网页的相对名次。等级越高越好。

• Alexa 流量排名可以显示某一网站访问量在全球所有网站中的绝对名次。这与尼尔森评级相似,排名越靠前越好。例如,下表中第一位客户流量 18977,排名靠前,也就意味着他的网站处于全世界领先的两万家网站之内。由于目前的网站有千百万,这样的业绩也足以让人另眼看待。

• Technorati 网页排名可以显示特定博客在与全世界其他网站对比中的排名。但是,如果该博客并未在 Technotati 注册,则不参与排名。排名数字越小越好。

以下表格呈现出这 12 个客户的排名结果:

客户	整体网络级别	谷歌网页排名	Alexa 流量排名	Technorati 网页排名
客户 1	99.9	6	18977	1218
客户 2	99.3	6	110308	726714
客户 3	93.0	5	52288	N/A
客户 4	92.0	5	393576	20212
客户 5	91.0	5	427192	N/A
客户 6	89.0	4	613492	N/A
客户 7	86.0	4	674324	213437
客户 8	86.0	4	257410	N/A
客户 9	82.0	4	402066	N/A
客户 10	81.0	5	545916	N/A
客户 11	79.0	4	548447	N/A
客户 12	35.0	3	3738452	N/A

我的结论如下：

1. 页面光鲜亮丽、生动活泼，不一定带来更多流量。实际上，仅仅以最新 Flash 软件制作，并使用嵌入式视频技术的人，在流量等级排名中反而垫底。

2. 拥有大型媒体平台，不能与更多流量画等号。诚然，上表中排名第一的客户是一家大型媒体平台的董事长，该平台既有电视也有电台。但是，另外一位拥有最大媒体平台的客户，却在所有排名中殿后。

3. 背靠大型机构，并不一定产生更多流量。有些拥有大型机构的客户排名接近顶端，有些则排名末位。

4. 年轻时尚的形象，并非更多流量的必然代言。事实上，这似乎还是一种负相关的关系。也许在年轻一代心目中，酷就意味着一切。然而，我想，大多数致力于成为网络行家里手的人都不会作此想，至少，就生成有意义的流量而言不会如此。

我乐于建议你使用营销分级处理器 Marketing Grader 来浏览自己的网站或博客，这将会使你准确地初步了解当下自己在整个网络环境中所处的位置。

在此现身说法，我也把自己的名次公布于众与你分享，下面是我写作本书时的营销分级排名：

	整体网络级别	谷歌网页排名	Alexa 流量排名	Technorati 网页排名
MichaelHyatt.com	99.3	5	19200	618

备注：由于许多排名是相对的，上述结果会有轻微波动。假如有些网站变得更受追捧，排名就会迅速提升，你的网站排名就会下降。反之亦然。

好消息是，建立强大的在线状态并不难，花费也不多，绝对值得你花时间投入。

第四篇
扩大影响力

三十五　　增加流量有妙招

最近 30 天里，我注意到自己的博客流量飙升了 81.3%。实际上，我发现自从几年前把个人博客从 TypePad 迁至自托管的 WordPress 以来，流量一直都在平稳上升（上升了 338.6%）。但是，根据我的谷歌数据分析报告，这 30 天的猛然飙升却是前所未有的。

我相信该现象的背后一定有一些明确的因素。

首先，此次流量增加并非某一篇博文火爆所引发的结果，也不是大的门户网站与我做关联链接所致。反之，只是由于我针对博客做了一些具体的改变和调整。即便如此，我同样不认为这仅仅是由某一个改变所引发，而是其间所有的改变共同发挥作用，进而对网站流量产生了实质性的影响。好消息是，这一切你都可以复制。

最重要的一个事实来自谷歌分析（Google Analytics）。（顺便提一句，假如你的博客上尚未安装此软件，请立即安装。它操作简单且免费，而且，如果你发自内心地希望增加博客流量，它尤其必不可少。）

·绝对独立访客在一个月内从 71885 上升到 130320（上升 81.3%）。

·页面浏览量从 173794 上升到 284192（上升 63.5%）。

我做了什么造成这些变化？

正如我在此前章节所谈到的，我决定安装标准主题（WordPress 中一款适用于负责任的博主的主题工具）。事实证明，这一改变对我的博客访问量造成了直接而显著的积极影响，主要是由于页面加载时间更快，搜索引擎更加优化（SEO）。据我所知，其他博主使用这一主题工具也带来了类似结果，显然它是物超所值的。

我接下来扪心自问，怎么做可以使博客流量大幅度增长？最终我总结出以下 4 条经验：

1. 加快博客更新频率。我早已清楚博客更新频率与访问量增加之间的关联，但现在我是以自己的亲身体验对此加以证实。去年大多数时间，我每周发表三篇博文，后来我决定每周发五篇，周一到周五每天一篇。

2. 做到三个"更短"。在写作上，要尽量写更短一些的博文，控制每一个段落更短，并使用更短的语句。我能够这样做应该归功于 CopyBlogger 上一篇名为"越短越好"的博文。于是，我决定使自己的每篇博文都控制在五六百字之间，每段不超过三到四个句子，并且尽可能不使用复合句。

3. 改进搜索引擎元数据。我开始使用 Scribe，这个 WordPress 插件能分析博文并以谷歌排名方式给予评分，最好的是，它会向你显示应如何调整元数据，以提高得分。这一软件比较昂贵，但是我认为物超所值。

4. 更多参与评论。我把自己的评论系统从本机 WordPress 迁至 Disqus。我访问过的多数大网站都在使用这一系统。我相信它是最简单、最灵活的可用评论插件。它还能让我通过电子邮件回复评论,此举使得与读者之间的交流互动显得无比容易。

结果很令人鼓舞,然而,世界上并没有任何秘笈会使得流量一夜之间骤增。这是多种因素综合作用的结果——而且是长期作用的结果。

自从 2008 年使用谷歌分析软件对自己的博客予以跟踪以来,我一直坚持以下一些基本技能以确保流量不断增长。年度有别,但访问量自始至终都在增长。

年份	网页浏览量	增长
2008	574778	N/A
2009	1496241	160.3%
2010	1972497	31.8%
2011	5060331	156.5%

基于我的个人经验,我相信你只要遵循以下 10 条重要建议,也能够使自己的博客流量骤增。(其中有些建议在其他章节已有所探讨,但在此有必要重复。)

·**写作值得分享的内容**。内容欠缺,其他一切就都无从谈起。如果人们根本没有兴趣读你所写文字,再高明的营销手段也于事无补。从拟定一个打动人心的标题开始入手,吸引人们阅读你的内容。读读《广告标题助你致富》一书,它是我的秘笈所在。

·**遵循固定写作时间表**。不定期写博文,就不要期待博客访问量增加。至于这一点,我的意思是至少每周写作一篇,三篇更好，五篇最佳。但不管写多少篇，都要以不影响内容品质为前提。频率等于关注度。

· **获取个人专属域名**。博客名称要确保便于读者传播。你认为哪种方式比较简单？是"姓名.wordpress.com"还是"姓名.com"？这正是你品牌的基础，并且使你的博客容易被人记住。假如你能拥有自己姓名或者一句短语作为域名，合理范围内的花费就颇为值得。

· **随处注明博客地址**。开博伊始，你每次打开博客只能增加一个读者。但是你从来不会知道，未来会有一个时间，一位拥有大量粉丝的博主提到了你，或者对你的博客做了相关链接。因此，在电子邮件签名档、名片，以及信函内外等上面都要注明博客地址。事实上，它应该随时与你的名字同时出现，你的社交媒体简介尤其不可或缺。

· **确保个人博客易于订阅**。永远不要期待读者会记得你的博客并随时回访。相反，你要邀请他们订阅，以保证其随时阅读到自己的每一篇新博文。订阅可以通过简易信息整合（RSS）或者电子邮件来实现。也可以两者兼备，但是要把两个按钮置于页面的醒目位置。

· **确保博文适应搜索引擎优化**。你一定期待人们在搜索和你相关的关键词或者你的名字时，能够找到你。为了实现这一点，我使用了两款WordPress插件：一体化的搜索引擎元数据包（ALL-in-ONE SEO Pack）和Scribe。前者帮助你优化元数据（如博文标题、类别、标签等），后者则帮助你优化博文本身。

· **利用社交媒体**。如果你希望打造个人博客的受关注度，就必须造访人群聚集之地。从前，人们通常聚集在市中心的市场，如今，他们聚集于诸如微博、脸谱网、商务关系网和谷歌+之类的网络地盘。谁的服务好，你就经常使用谁的服务。使用社交媒体编织网络、建立关系，并随时宣布有新的博文上传。

•**参与交流**。一切从便于读者评论为出发点。如今的人们都注重参与感，别要求他们注册，否则，只会给他们带来不快。参与交流，阅读评论，并适时回复。

•**评论别人博客**。阅读他人博客后，留下评论，这并非要你去阅读那些邀请你前往的垃圾博客，而是要你参与到自己感兴趣并能建立信誉的对话之中。一定要登录他们的评论系统，这样自己的博客就总会有一个反馈链接。

•**做其他博主的客串作者**。坦言之，我从不做这种事。但是那些最成功的博主们对此均坚信不疑。杰夫·戈因就此话题为我写过一篇客串博文。他表示，该博文使他自己的博客流量6个月反超以前6年。（如果你有兴趣在我的博客上客串写作，请查询我的博客指南页。）

你也想要使用一个好的搜索引擎优化博客主题。市场上多的是。前面已经讲过，我使用并且深爱WordPress标准主题工具。

最后，要有耐心。流量提升需要时间。牢记《圣经》的一句教导："唯有忍耐到底的必然得救。"的确，像其他任何事物一样，别人都已宣告放弃，选择继续坚持的就是赢家。

三十六　　建立订户名册

营销的目的是吸引更多顾客。企业在成立之初都不惜重金邀请人们进门，但是，之后呢？

假如顾客出门后就再也没有回头，所有的投资就等于打了水漂。这就是俗称的"竹篮打水一场空"。相反，营销者的目的是顾客回头再来，并且期望他们带来一帮新朋友。

博客世界也同此理，至今为止，我尚未碰到过不愿意提升流量的博主。一名作者写作的唯一目标是让人阅读！（对此不认同者均在撒谎。）

如果你对此深表认同，那就不要试图把精力全都投放于增加博客流量，而是要专注于扩大订户名册。

为什么？因为该名册上的人都是你的铁杆粉丝，他们最有可能带来新读者，并且这也意味着你不必亲自吆喝。两者之间存在加法与乘法的区别。

最近，我意识到自己犯了同样的错误。在前面一节中，我谈到自己如何增加博客流量——这是扩大影响力必不可少的第一步，但是我认为做好一个醒目的 RSS 按钮就万事大吉了，也就没有顾及到扩大订户名册这一问题。

但在之后阅读了几位职业博主的建议，我立刻意识到必须集中精力打造电子邮箱订户名册，对于博主而言，该名册的几项优势为 RSS 订阅所不具备。

• **更私人化**。通过电子邮件，你知道谁是自己的订户。它还能够把对话从不带感情色彩的 RSS 世界迁至更为私密友好的读者个人收件箱。

• **更易操控**。一旦谷歌出现了一些小故障，就可能删除你的所有 RSS 订户，使其彻底消失，再也无法恢复。使用电子邮箱管理程序，可以对订户名册定期备份。

• **实现双向交流**。当我发送电子邮件通知时，使用的是真实地址。如此一来，别人能够答复且给予反馈，并且这些邮件内容均可直接被你接收到，使你在必要时予以回复。

• **实时动态跟踪**。电子邮件的方式能够确保你跟踪了解博客的所有动态结果。使用 RSS，可以知道有多少人订阅，但效果仅限于此。而电子邮件名册软件，则可以获得大量信息，比如，可以知道究竟有多少人看过邮件、点击过链接、退订，等等。

• **获得推销机会**。使用 RSS，写作博文是你与订户沟通的唯一途径，而运用电子邮箱，则可以随时随地发送个人心得。

• **分享方式简单**。如果像我一样，有很多读者分享脸谱网和微博帖子，应当心存感激。但是必须知道，还有成千上万的读者不用社交媒体。这样一来，使用电子邮件，就可以帮助他们简单地将博文转发给别的朋友。

那么，如何构建电子邮箱订户名册？让我来现身说法。

2011 年 3 月，我拥有 2771 位电子邮箱订户。我认为这样的业绩并不具有吸引力，因为当时我的博客独立访问量为每月 150000 人，这意味着，我并未能够把大部分读者转变为订户。

然而，在随后的9个月间，我的邮箱订户名册上的人数增至35000名（截止到本书写作时），同样是在此期间，我的博客访问量翻了一番，月独立访问量超过310000人。

下面是我用以扩大电子邮件订户名册的7条策略：

1. 内容至上。对于这一点，我此前已多次重点探讨，但怎么强调都不为过。没有人会订阅自己了无兴趣的文字。你必须写出高品质的内容，以吊起读者的阅读胃口，不断心有期待。

2. 使用专门订户系统表格。可以使用谷歌的免费FeedBurner服务。实际上，我在RSS就用这个。但是它不能提供与MailChimp或者Aweber这种有偿服务相同级别的控制能力。我用MailChimp，它有点儿贵，但是其便于操控的特点正合下怀。

3. 将订阅表置于显眼位置。至少，应该在中线以上（上半页），最好在右侧边栏。去看看CopyBlogger或者ProBlogger两个网站订户名册的安放位置。

4. 提供订阅激励。这里是表现创造力的舞台。漫画家休·麦克劳德是很好的榜样，其涂鸦广受欢迎后，就开始通过自己的博客gapingvoid加以推广。订户可以在每周五天内，完全免费与麦克劳德的"日常漫画"一起迎接晨曦。休将此描述为"收件箱里的一个浅浅微笑，开始你的美好一天（真可以这么说）"。

这种免费行为，对我而言需要相当大的付出。我写了一本名为《如何制定人生规划》的书，只要是博客订户，都可无偿领取。如果你也想尝试此途，可以从自己旧的系列博文着手，所要做的只是将其编辑成书即可。

5. 设计电子邮件的品牌模板。我根据自己的意图，聘请了一位设计师在 MailChimp 中设计了一块电子邮件模板。如果你要依葫芦画瓢，请谨记，让品牌元素与个人博客相匹配是重中之重。社交媒体按钮必须内置，以方便读者、朋友和粉丝们分享个人博文。要让订户感到，自己所获得的是高品质产品。

6. **随访订户**。当订户确认完订阅信息后，我会使用 MailChimp 的自动反馈设置送上一条欢迎信息，以表达谢意，并说明他们所值得期待的。三周后，我会给他们发送一条新信息，再次表达谢意，并邀请他们与各自的朋友们分享我的博文。届此，不出意外的话，他们已经看出你所写文章的价值所在。

7. **提醒读者订阅**。在我的个人博客上，有一个弹出窗口来作此提醒，但是每位读者在前三次访问过后，该窗口会自动消失，（我对此大为光火。）为此，我建议大家在每篇博文后面都嵌入一份订阅表，以保证人们读完博文后，被提醒订阅博客。总有一些读者在读过几篇博文后，就会甘心乐意地订阅。

条条大路通罗马，方法因人而异，一切取决于你作为一名博主的定位。然而，这些原则具有普适性，对于各个层面的用户都有所触及。稍作努力，再付出一点点时间和金钱，就可以使得订阅自己博客的人数陡增。

三十七　巧用旧文增流量

身为博主，你会发现自己存档的旧博文已不再吸引人的注意。公众阅读总倾向于关注那些吸引眼球的最新文字，而非已经被验证过的精彩华章。若非特别加以关注，那些旧的博文就会从此石沉大海，只是在偶尔有人搜索文章中或者元数据中某个关键词时才被发现。（这就是确保对每一篇博文做有针对性的搜索引擎优化的最佳理由。）

前不久，我决定重新关注并推广自己的过期博文。结果，此举使得它们在我的日常博客流量中占据越来越多的比重，如今已经占到总流量的 30% ～ 40%。事实证明，那些你呕心沥血之作同样可以再次绽放辉煌，为你赢得新的业绩高峰！

以下提供我使博文旧貌换新颜的做法，无疑你也能做到：

1. 选出最受欢迎的博文。可以使用博客软件或者谷歌分析的统计数据，这是重新对最佳作品予以包装的捷径。可以让读者投票！把一些自己最喜欢的文章公布出来，即使它们曾经的关注量寥寥也不要担心，值得尝试。我在清单中罗列了前100篇自认为最好的文章。但是，即便只有二三十篇也是一个良好的开端。

2. 确保每篇博文紧贴当下。快速浏览每一篇博文，然后更

第四篇
扩大影响力

新数据,并引入新近事件。尽可能使文章没有时间界限。我还会改变博客设计,并且重新调整照片大小以适应新格式。这些事情我大多放在周六上午来处理,它值得投入时间。

3. 把更新时间移至文底。很遗憾,许多读者会仅仅因为文章写于去年就认为过时而毫无意义,懒得再搭理。因此,要把写作日期从文前转移到文章底部。因为放在前面是在拼命提醒人们注意,而后面则不然,因为它不会太醒目。这样做以来,我尚未收到来自读者的任何抱怨。

4. 为每篇博文写一条微博。创建一个新的文本文件夹,列出所有自己的精品之作。然后为每一篇博文写一条独立的微博,使用激发人们好奇心的问题或者事实切入。建议微博字数控制在120字以内,以方便粉丝们转发。还有,要使用URL缩略设置(如bit.ly),并注明这是转帖。下面以我的作品集锦文档为例:

> 社交媒体能在哪里体现你的战略?我发现一个简单的三合一模型很有帮助。
> 转发:http://bit.ly/bv7WfP
>
> 信守诺言为何如此重要,即便你并未签订合同?就因为这样三条原因。转发:http://bit.ly/aWmiRA
>
> 得了,你的工作时间太长,超过了自己的希望。这里有10条理由说明你还没做到位。转发:http://bit.ly/axXKT
>
> 我认为领导力的实质可以用一个词表示:转变。它由三个要素组成。转发:http://bit.ly/9vJBkW
>
> 作为领导人,如何才能使上下一心、行动一致?这里有三条策略。转发:http://bit.ly/d8nLlh

5. **对微博自动按时间排序**。这是可选步骤之一,也是我所能建议的。你所要做的仅仅是将精品博文摘要予以复制粘贴,上传至微博,一天一次。但是,如果你使用的是 SocialOomph.com 之类的服务,就可以把微博发布时间设定为未来的任何时间点。实际上,制定该网页设定每天的发帖固定时间,可以上传整个文本文件夹。我设定每天上午 11:00 发一篇微博。如果有 90 条帖子,就可以以 90 天为周期,将这些帖子不断重复发表。

6. **在主页列出十篇最佳博文**。该页面的重要性超出你的想象,建议使用自定义主页作为自己微博简介页的主链接。你永远无法强迫新读者自发寻找博文来阅读,相反,身为博主,你需要向大家指明哪些文章最受欢迎。

7. **列出最受欢迎博文**。使用博客侧栏来完成这一点。诸如 WooThemes 之类的许多主题,都有这样的内置功能,可以自动显示你最受欢迎的博文。或者由博主本人亲自添加想要更受关注的文章。就我个人而言,我更喜欢自己编辑列表,并使其按顺序轮流显示。

8. **对评论者予以回应**。我一再提到这一点的目的,就是希望你在博客评论环节与读者互动,这至关重要。今天人们访问博客并不是来听一场独白,而是希望参与交流。因此,应该在旧博文后增添新评论,让参与评论的读者随时感到它就像一篇全新的博文。以此定下基调,让人们明确未来预期,这是很好的方法。

9. **掌握分寸切忌过头**。这一点尤其重要。如果不断在微博或脸谱网上链接自己的博文,人们会感觉自己受到了骚扰。我尝试过各种频率,发现一天发一条最佳博文帖比较合适,从不被人投诉。有一阵子,我曾尝试一天发两条,结果遭到好几个读者的抱怨。因此不引人生厌就是最佳火候。

互联网的最大优势,就在于你所发内容永远不会消逝。但这并不意味着人们能够找到它,或者它还能自动引人瞩目。切勿让自己的旧博文泯灭于文档中,你必须主动采取策略有意为之。

三十八　写作客串博文

我的朋友杰夫·戈因在我的个人博客上写过一篇极好的客串博文,内容不是别的,正是客串博文!客串博文是扩大博客影响力的绝佳方式。下面我将他的这篇博文全文照录(当然,已经他本人同意)。去订阅他的博客吧,那将会对你自己不无助益。

———

尽管我自从2005年就开始写博,有时仍旧感觉自己像个菜鸟。多年来我一直很纳闷,为何没人阅读我的文章?也许你也曾问过同样的问题。

我逐渐发现了答案所在:这和社区有关。

我偶然之间发现了一个秘密:博客是社会事业,参与社区活动者就会成功。

我博客的读者人数和影响力在最近6个月里的增长幅度超过了前6年,原因何在?就在于这6个月里我写的客串博文比过去6年的总数还多。

大多数博主就在自己的博客里打转转,想要增加流量,却忽视了为别的博客写帖子这一基本方法。要扩大平台,什么也比不上这种方法奏效。

来认识一下这些博主吧！李奥·巴伯塔（Lee Babauta，"禅宗习惯"（Zen Habits 博客），布莱恩·克拉克（CopyBlogger 博客），以及克利斯·布罗根（Chrisbrogan.com）。他们均使用客串博文作为扩大个人博客影响力的手段，你也可以做到这一点。

客串博文特别有利于搜索引擎将你介绍给新的社区，同时也把新的社区推荐给你，并允许你的思想自由传播。

对于任何一位博主，这都是至关重要的营销策略，可惜鲜有人知道如何运用自如。

以下是写作成功客串博文的7个步骤：

1. 了解指导原则。许多目标明确的博客都有针对客串博文的指导原则列表，你可以遵循这些原则来写作，在提交博文之前，切记再三阅读该列表并遵循它们。

2. 研究对方博客。写作之前，做点调查研究，全面了解博客的写作主题及其影响力，并且清楚其尚未涵盖的主题还有哪些。如果你认识为该博主写过客串博文的作者，也可向他加以咨询。

3. 联系博主。电子邮件或许是最佳渠道。在信中，你可以开门见山，直奔主题。要么说明个人想法，要么送上全文，但是切莫把时间浪费在不必要的奉承或自我批评上。别说抱歉，也不要狂妄自大。做好自己。

4. 尽己所能。要倾尽所能写出最佳博文，（这一点可以与第三条同步进行。）一旦与博主取得联系，就可以开始动笔写作。千万不要想着留一手，而希望把最好的文字用在个人博客中。客串博文是最好的营销工具，所以不要提交二流作品。写完后，署名并链接到自家网址，然后发给博主。

5. 实时跟进。依照指导原则，在跟进之前给博主一些时间（通常是一周）。跟进时，要保持一种积极乐观而又礼貌谦恭的态度。一周或两周后再一次跟进，假如一个月还没有收到反馈，就告诉博主自己会收回文章留作他用。

6. 互动与推销。如果对方发表了自己的文章，首先要表示感谢。然后，如果没有更好的作为，至少得把它当做自己的博文一样看待。微博转发、与人分享、寄送邮件，不一而足。将摘要发到个人博客，并链接全文。配合评论，积极参与读者互动。对此你别无选择。

7. 重复上述行为。不管是否成功，一次邀约完成后，都要重新开始新的流程。假如被拒绝，也别气馁。不要从此再不写作客串博文。有时只是选错话题。有时则是选错对象。不管怎样，客串博文作为有效的营销手段，值得一试再试。所以不能放弃。

最后一点想法：如果对方博主就在本地（或者旅行来此），试着请他喝杯咖啡以图见面。最好的关联博客都出自友谊。

互联网上最优秀的博主都通过写作客串博文这种简单却十分有效的手段扩大读者群。这样做，你的博客也会成长壮大。

———

这篇客串博文真是金玉良言。现在，我每周在自己的博客上也发一篇客串博文。参与写作的博主们常常反馈说，自己的博客流量一再高达前所未有的峰值。但我自己也收获巨大：我少写了一篇必须要写的文章，读者也感受到了一些新气象。结果是双赢——获益的还有网络社区。

三十九　　使用赠品要诀

进入本世纪以来，我们亲眼目睹"免费革命"。从书籍、软件、旅行，甚至是汽车，经销商竞相白送大礼。这使得消费者形成一种行为模式，就是常常期盼免费，一旦不得不付费时则满腹怨气。

毋庸置疑，免费不是一种可持久的商业模式。然而，就像之前探讨过的，它不失为一种卓越的营销策略。许多个人和公司都将此策略有效运用于以下方面：

·**建立客户名单**。正如前面一个章节谈及的，在一段时期里，我会为通过电子邮件订阅我博客的读者免费赠送一本电子书《如何制定人生规划》。在前6个月内，我增加了23326位订户。

妙织公司（Interweave company）的免费策略极其成功。他们有几个网友社区，其中之一专门针对裁缝会员。缝纫艺术群是当代缝纫行业的头号网络社区，只要你加入其中，即可下载5项免费赠品，包括样式图案、项目指南，等等。

·**生成客户评语**。几年前，托马斯·纳尔逊公司开发了一个网站美其名曰"翻书染香"（BookSneeze），用于向那些像打喷嚏一样的博主赠送自己出版的书籍，使其随时"传染"他们自己的读者。我们让博主免费自选一本书阅读，交换条件是他们必须在个人博客发表一篇态度客观坦率的书评。目前参与该项目的博主已有两万多人。公司自身则获得了几千篇书评。

• **提供样品**。假设你已经拥有一流的产品——这是先决条件！——你所能做的最明智的事情，就是白送样品，将其当做种子撒入市场。比如，我无偿送出100本马库斯·白金汉的新书《出类拔萃》（StandOut），不久，就获得了1353篇书评，567条微博转发，340条脸谱网分享。对于书商而言，更重要的是，它帮助把该书推上了亚马逊网站综合销售排行榜第四名的宝座。

至于你自己，怎么来运用这些策略呢？你应该考虑的是如何恰当地用免费方式来带动整体营销战略。它可以帮助你构建平台，并发布产品。以下10个主意能够快速启发你有效使用免费策略。

1. **为潜在客户提供免费样品**。这可以是你一本书的前两章内容，或者你专辑的头两首歌，你产品的一个小样，抑或是一次性的咨询服务，还可以是你演出实况的录像。

2. **以订阅为前提赠送电子书等**。为你的读者赠送电子书或专业报告，交换条件是他们订阅自己的业务通讯函件。HubSpot是这方面的大师，就在我撰写本章内容时，他们提供了一本免费电子书以供下载，其题为《自动化营销十诫》。

3. **赠送免费产品换取评论**。你可以从自己熟悉或者关注的博主入手，为他们提供一件免费产品，以交换他们在个人博客上一篇坦率的评论文章。

4. **打包赠送产品给风云博主**。针对网络上影响力较大的博主，你可以多送一些产品给他们，这样一来，作为回报，他们会谈论你的产品，并且组织派送赠品给自己的订户。你可以因人而异来决定赠送计划。

5. **为购买者提供免费时间**。为那些购买了你产品的人，依据其购买量的不同，为其提供一段免费时间。正如我们在之前章节所探讨过的，加里·维纳查克这样推销《势不可挡》，结果该书上了畅销书名录。

6. **依据产品版式配搭赠送**。一件产品可以有不同版式，当顾客购买主产品后，可以赠送另外一种版式的产品作为附赠品。例如，他们购买纸质书后，可以附赠一本内容相同的有声读物。

7. **带友前往者增免费机会**。比如带两位朋友购票者，可赠送免费票一张，至于其中的亏损部分可以通过商品销售加以弥补，并且这样做的结果是你获得了更高的知名度。

8. **提供额外奖励给购买者**。任何人购买产品，均可为其提供赠品，比如工作手册、小组讨论指南、视频教程，等等，这方面最容易实现的就是免费下载。

9. **赠送有偿论坛或俱乐部会员资格**。

10. **举办免费研讨班或演出活动现场签售**。

免费手段有很多，可谓数不胜数，它们均可用以带动整体营销策略，为产品创造知名度和轰动效应。

四十　　谨防读者流失

如果你希望壮大自己的平台——无疑你确实想实现这一点，否则此刻不会阅读本书——就无法承受读者的流失。许多博主自毁前程，无故赶走自己历尽千辛万苦赢得的读者。为什么会这样？因为他们违反了一些非常简单的规则。

如果你也正在冒同样的风险，下面这封信就正是我想写给你的。

———

亲爱的XXX（填写你的名字）：

我是忠诚之人，与结发妻子厮守33年，28年里都上同一座教堂，大多数挚友也都已经相处10年以上。我一旦让你走进我的生活，就几乎没有可能再请你离开。

这是一个艰难的决定。你的博客订阅邀请已经躺在我的谷歌阅读器中很久。好几个月，没准是好几年了。但最终我还是点击了退订按钮。到此为止。

为什么？以下原因总有一条适合于你：

1. 标题让人打瞌睡。瞧，我每天浏览几百篇博文和新闻。假如不靠标题吸引我进入正文内容，那还靠什么？大标题必须与正文花同样多的时间精力。别花里胡哨，要能吸引我。

2. **文章无趣**。我努力想提起兴趣。真的，我尽力了。但你不使用任何故事、插图，或者隐喻，只是迂腐的说教，干巴巴有如扬起的尘土。你让我的双眼混沌迷离，呆滞无神。

3. **博文难得更新**。你好几个星期，或者是好几个月未对博客予以更新。如同这么多未来的博主一样，你开端良好，却很快放弃。我相信，你这样做一定有不得已的苦衷，但我已厌倦等待。没人在乎你的理由。要么更新博文，要么消亡。

4. **博文太长**。我知道你想要话题不偏不倚，想要证明自己的论点，想要面面俱到，想要驳斥批评。你巨细无遗，但是，坦率讲，却耗尽了我的热情。要读书，我会去买一本。而你是在写博。有什么好的经验？不超过500字。

5. **博文缺乏主题**。今天写这，明天写那。你的博客究竟要谈什么？请提醒我一下。我已经迷失在你五花八门的兴趣森林之中。你并非文艺复兴时期那种多才多艺的男人女人，而是毫无原则。

6. **不参与对话**。你要么不许评论，要么不参与其中。你发博文就像开车，撞了人就跑。或者走进屋子，讲上一通，然后扬长而去。很遗憾，这是上世纪可以发生的事，况且你并非什么大人物。

忠实的，

迈克尔·哈耶特 上

四十一　　关注几组数据

人们试图了解你的平台意义何在之时，多数人都盯着具体的社交媒体统计数据，将其当做指标，其中包括那些与博客、脸谱网和微博相关的具体数据。

为了得到准确的博客统计数据，你可以注册免费谷歌分析账户。它所报告的网站统计数据，是黄金标准。注册相对容易，但根据你所使用的博客系统和配置而有所不同。

下面 6 项数据，大多数对社交媒体娴熟运用的人都认为重要。

1. **月独立访问量**。这是过去 30 天里独立个人访问你博客的数量。例如，某人一周访问你的博客三次，只能算作一个独立访客。注意：RSS 和电子邮件订户不计入总数。要获得真实数据，当月总数必须加入订户数。

2. **月网页浏览量**。这是上月你的网站页面被访客浏览的次数。如果将此数除以独立访问量，就得到每位访客平均浏览网页的数量。这一数字对于潜在的广告商十分重要。为何？因为他们的广告将刊登在你的网站上，他们购买的基本上就是特定数量的印象。

3. **年增长率**。这是过去 12 个月变化的百分比。公式如下：

上月独立访问量减去去年同一时间段的独立访问量,然后除以去年同一时间段的独立访问量,再乘以100。对我而言,这就是166103(2011年5月的独立访问量)减去54326(2010年5月的独立访问量),然后除以54326,再乘以100,等于增长205.8%。

4. 帖均评论数。并非所有评论系统都在追踪这一数据。我强烈推荐我使用的 Disqus 系统,它的"分析快照"可以显示今天、上个月,以及所有时间你所获得的评论数。例如,上个月我获得4608条评论,除以20篇帖子,等于帖均230条评论。这表明读者对文章的参与程度。它也可以用于微博转发、脸谱网分享,或者类似帖子的平均数计算。

5. 博客订户总数。通过电子邮件或者 RSS 订阅你博客的人,都是你最忠实的读者或者超级粉丝。他们卖力订阅并接收你的文章。更重要的是,他们准许你把文章硬塞给自己。这种准许基础之上形成的资产无疑是你最重要的资产之一。

6. 微博关注人和脸谱网粉丝总数。这是两件主要的传播工具,用于把博文更新的消息播撒出去。关注人总数固然重要,但他们的参与程度更为重要。上个月,你的微博有多少次转发?你在脸谱网上得到多少个喜欢或者分享?如果真的有兴趣,去跟踪你的 Klout 评分,它是衡量你对读者影响力的工具。

注意,我没有提到点击量。要从社交媒体词汇表中抹掉这个单词。点击量指的是你博客或者网站对服务器产生的点击总数要求。比如,假使一个页面有许多图片、几个 JavaScript 程序,十几篇帖子的摘录，这个页面就可能得到20～50次点击加载。这个数字毫无意义——至少与流量无关。

如果你开始跟踪上述统计数据，无论如何，我几乎可以保证，增长就在眼前。有指标衡量，通常就是进步的开始。

四十二　　拥抱微博

扩大平台影响力最重要的工具之一是微博。假如你还没有开通微博（也就是没发帖），就请认真阅读本节。要知道，我也一度同你一样犹豫踟蹰。

什么是微博？很高兴你有此一问。微博网（Twitter）主页对此有精准回答：

微博就是连接你与你感兴趣的最新资讯的即时信息网络。只需找到公众流就找到了最火爆的话题，就可以参与其中畅所欲言。

微博无需花费多少时间。新手一次只能输入140个字符。这意味着，你的帖子必须非常简短，直截了当。实际上这意味着，微博用户一天可以发若干帖子，却几乎不花时间。我多数都用iPhone发帖。

如果你还在奇怪自己究竟为什么要考虑开微博，这里有12条理由：

1. **使你能够亲身体验社交网络**。我最讨厌那些在新技术方面自以为是却只会纸上谈兵的人。真正的用户总是能够区分差异，这是不可替代的个人体验。

2. **使你更善于写作**。既然微博一次只让发140个字符，你就必须简练。以我的看法，这正是好文章的一个标志。文章短、段落短、句子短。

　　3. **有助于你与所关注者保持联络**。我发现，微博是一项实实在在能够帮助社区建设的罕见技术。在今天这个奔波忙碌的世界，要跟上他人的步伐本来很难。微博使其易如反掌，并且成为开心乐事。例如，我的女儿远在外地求学，朋友鲍勃·戈夫一年只能见上几面，但我们可以保持联系。

　　4. **有助于你看到朋友的不同侧面**。微博以奇特的方式，使人们更充满人情味，在这个语境之中，人们更容易相互理解。譬如，一旦有人跟随我的微博，同一天里，你很快会看到我一会儿兴奋激动，一会儿百无聊赖、灰心丧气，或者困惑迷茫。你也会了解，对我而言什么重要，什么使我疯狂。

　　5. **结识新朋友**。通过微博，我认识了一些新人。他们对我的生活影响不大却很有意义。我和妻子盖尔甚至还与一对通过微博认识的夫妇共进晚餐。

　　6. **速度比手机短信快**。在某种意义上讲，微博就是一个万能短信系统。你可以向所有关注者（也就是你的微博数据资料订户）群发信息，也可以定向只发给其中一位。因此，手机短信我差不多已经完全不用，仅仅是在回复没有微博者发来短信时使用。

　　7. **使你思考人生**。"我在干什么？"当你回答这个问题之时，就开始透过关注者的目光去领悟自己的人生。很有意思，它使得我的人生更有目，思想更加成熟。

　　8. **有助于跟上大众思潮**。通过微博，我了解到哪些书籍热门，哪个软件很棒，有什么突发新闻，甚至哪些餐馆最好。因为这些消息都来自于现实生活当中的人，其引起的关切足以使他们认为有必要发上微博。我发现这更有价值、更加真实可信。

9. **可以增加个人博客或网站流量**。我开通微博后，发现自己的博客流量一个月上升了30%。可能这是由于我比从前更受关注，或者是我写的文章更受争议。然而，我还认为，这是由于每当博客更新我都在微博发帖告知。这似乎有一种病毒似的传染蔓延效果。

10. **极少投入**。微博本身是无偿服务。就我而言，在上面一天花费不到半小时。既然微博限制在140个字符以下，一篇帖子花上一两秒钟就能一眼扫过去。写一篇通常也用不了半分钟。

11. **有助于打造个人品牌**。听到你的名字，人们脑海里会想起什么？你的名声建立在什么之上？什么是"品牌承诺"？品牌是在一次一次互动之中逐步建立。一次一篇帖子，微博让你拥有一条新的途径打造个人品牌。

12. **有趣好玩**！微博只是纯粹的娱乐。在上面关注家人和朋友有几分像是看电视直播。不同之处在于，那上面的人，你认识，并且实实在在关切、关爱。从这个意义上讲，它更让人兴致盎然，因为，相比于其他背景下，你对这些人有了更深的了解。不相信？试试看！

微博可能也有一些负面的东西，要么我忽视了，要么我没看出。但是你宁愿只是坐在场外拍砖，而不下水试试，塑造社交网络的未来？更重要的是，微博完全有能力彻底改变你的营销方式，打开你的营销局面——那就是，连接你的圈子，与之亲密互动起来。

但首先，你必须懂得微博使用基础。

四十三　　微博使用基础

通过前面一节内容，我已经说服你前往微博走一走，看一看了。以下简单的分步指南将带你走进去，跑起来。请遵循这8个步骤。

1. 建立账户。上微博网Twitter，输入姓名，电子邮件地址和密码，点击注册。

之后自动进入下一个页面，请你选择用户名。这个微博世界的名字，你会用什么样的呢？

如果可能，真名最好。如果不行，可以尝试在中间加大写字母，或者加上诸如the、real之类的词汇做前缀（例如，"TheFrankDavis"或者"RealFrankDavis"）。

还有，我建议单词首字母都用大写，以使用户名好读易记。比如，我就用"MichaelHyatt"，而不用"michaelhyatt"。

现在点击创建账户按钮。好极了。你是微博世界的正式成员了。恭喜！

接下来，微博将会帮助你上路，解释什么是微博，给你机会去"关注"若干朋友、人气微博或者品牌。假设你不喜欢，也可以不走这些程序，只需点击跳过按钮，退出这一步链接就行了。

第四篇
扩大影响力

微博还提供了一个机会,通过查看网络通讯录,你可以知道哪些朋友已经开通微博。可是,相互之间要联络,你们必须是 Gmail、Hotmail、Yahoo,或者 AOL 之中随便哪一家的用户,有其服务支持。另外,有些人允许自己账户通过电子邮件地址查找,你只能看到这样的用户。

我刚起步时,没有得到这些帮助,因为那时我的邮箱是在 Microsoft Outlook。不过,我有一个 Gmail 账户,所以,只需把通讯录从 Outlook 导出,再导入 Gmail。这一步没有碰到半点困难。假如你碰到困难,忘了这一步,也可以以后再添加朋友。

2. 调整设置。确保你位于自己的微博主页。点击设置链接。进入账户选项卡。设置时区。

别在"更新保护"上打钩,除非你是想要设置限制,只让那些经过你允许的人看到自己的更新。坦率地说,如果打了勾,微博的乐趣会大打折扣。其余设置任你调整。然后点击保存按钮。

再点击简介选项卡。上传自己的照片。这很重要。许多微博用户(包括我)不关注没有照片的用户,因为那有几分像是专门制造垃圾信息的人。记住,上传照片最大尺幅是 700K,所以你可能需要调整图像大小满足这一要求。

输入其他个人信息,包括所在城市、网站或者博客地址(如果有),还有一份简介。这也很重要,以免被打上可能是垃圾信息制造者的标记。简介要么认真,要么调侃,但必须简洁,不超过 160 字。

注意,在这一页面,微博账户也可以链接脸谱网。这样,微博帖子就能直接发上脸谱网。就我个人而言,不想做此推荐,但你可能想要此链接。以后可以随时更改设置。

完成后，点击保存按钮。

3. 设置电话。微博与手机链接，会变得更加有趣。链接后，可以用手机接收那些你关注的人（或其中一部分人）的更新，并上传自己的新帖。这是通过文本信息（也就是短信）完成。先给你一个警告：该服务 Twitter 公司不收取任何费用，但手机运营商可能会收。检查落实，确保你用的套餐可以无限发送短信，这才不失为一个好办法，才不会被大额电话账单吓着。

在设置链接下，点击移动电话选项，输入电话号码，点击开始按钮。然后拿起手机，发送 Twitter 给你的微博密码到 40404（如果是在美国以外地区，则号码不同）。耐心点。最后，微博会确认你注册成功。

如果你用的手机是 iPhone，操作系统已经内置微博（至少用的是 iOS 5 以上版本）。你可以通过开启优先程序设置，向下滚动屏幕，点击微博。这样就可以使用 iPhone 的许多应用程序发微博帖子，其中包括照片程序。

还是在手机上，设置一个名为"微博"的链接。移动电话号码就用 40404。以后每次发微博帖子，都发送到这个链接名称。

4. 关注亲友。如果这一步还没做，点击主页顶部搜索栏，添加家人和朋友。可以输入用户名或者名字加姓氏。这时，会出现一个符合你搜索条件的用户名单。

还可以通过点击细化结果或者直接进入高级搜索页面进行高级搜索（例如，位置搜索）。

只需点击关注按钮，即可开始关注朋友。如果还想通过手机关注，可以开启设备更新。就个人而言，我在手机上只是关注家人和少数几个最亲密的朋友。毕竟，所关注的每一个人，在你的微博主页上都能看到。

5. 学习基本指令。想象微博是一个挤满听众的房间，人们围坐成圆圈。对话开始。上传帖子，就是当众演讲。人人都能听清你说些什么。

·回复。如果你想直接对圈子中某一个特定的人讲话，必须很大声，但所有人都能听到。使用回复功能。你要跟谁讲话就在谁的用户名前加上@符号。比如：

@斯宾塞，我在富兰克林市中心Dion's South 理发店理发。

每一位关注斯宾塞和我的人都会看到这条信息，但我只是对斯宾塞说的。（对我们双方都没加关注的人在他们的微博上看不到这条短信。）

还可以用这一数据传送协议(@+用户名)单指某人的名字，也就是说，用这种方法说到他或者她。例如：

我要同@盖尔·哈耶特和@梅格·米勒去Tin Angel餐厅吃晚饭。我很想尝尝他们新推出的菜肴。

用@加他的微博用户名来说起某人，这些名字就成为活链接。关注我的人假如点击这些名字，就会自动进入他的微博页面，从而获得机会也去加关注。

·私信。仍然以挤满人的房间对话为例，你还可以使用私信功能。这就像在耳朵旁边说悄悄话。他听得见，别人听不见。信息直接发给了他个人。例如：

d伊诺贝尔斯：请把我的商业评论笔记本拿去自助餐厅会议室，好吗？

或者：

d 盖尔·哈耶特：看来我还得半小时才能下班。郁闷。

对我和我认识的许多人而言，微博私信已经在很大程度上取代了简单的手机短信。

·标签。你可能熟悉带有简短文字的标记照片。微博也有这一性能。#号被称为标签，在微博中用来标记关键词或题目。它是微博用户系统创建的信息分类方法。点击标签，就会显示与其相关的所有微博帖子。

我出席的许多会议都发布过正式标签。这使得每一位与会者都能够追踪别人所说与会议相关的内容。

比如，某人可能会说：

嘿，我爱@安迪斯坦利的开场白。他不停对我说#催化2011

"#催化2011"是2011年秋天在亚特兰大举行的催化剂会议标签。

·其他指令。可以通过手机添加关注，只需输入"关注（用户名）"。例如：

关注 KenDavisLive

可以通过手机查看统计数据——关注你的人数加你关注的人数——只需输入"统计"而不需其他任何文字。

不想让任何微博帖子上传到手机，就发送：

取消

想再看帖子就发送：

开启

在微博帮助中心几乎可以找到对所有微博问题的回答。

第四篇
扩大影响力

6. 编写微博。一切都设置完毕，该是写微博的时候了。写微博可以在自己的微博主页上，也可以通过手机。

最重要的是，必须明白，一篇帖子不能多于140个字符。如果你用网页，输入栏会自动计数。不一会儿，自然就会知道帖子已经写了多长。我不大突破限制。如果突破了，也没什么大不了的，只是超出部分会被截掉。

应该隔多久发一篇帖子？这是鸡毛蒜皮的问题。我女儿@梅格米勒说，"一天不能多于6帖。"我个人认为，10~12篇是上限。显然，过犹不及。

真正的问题在于是否能发点有价值的内容。老杰里·赛因费尔德有一个称为"空中旅行"的固定搞笑节目。节目中，他说，有一个飞行员不停向我们灌输飞行中这条航线的一切。（仿佛有人关心似的。）

他说，作为乘客，我们没有去敲驾驶舱门，对飞行员嚷，"嘿，告诉你，我们在吃花生。"（显然这是9·11以前的段子。）那么，为什么飞行员觉得需要对我们灌浆糊呢？我们只关心到达目的地。

同样，恐怕没人想听你生活的每一个细节，而是有点出彩的评述就好。不过，这绝对是艺术，不是科学，因此没有任何不可触犯的铁律。

无论如何，应该把每一篇帖子都看做是自己的品牌印象。你是在网友当中建立名声，因此得让对话有点内涵。

这真与面对面谈话没什么不同。应该说点有趣的、有益的，或者就只是逗一下乐子的。别深思熟虑，但也不只是脑子里想着什么就发什么。

197

7. 谨言慎行。一定要慎重。有些事情说出来可能就非常不明智，比如像，"我要去西海岸一个星期。我那美丽娇妻可怜巴巴，只能独守空房。"自找没趣。

我也有几次被人跟踪的经历，所以，要去哪儿只能是事后发帖，而不是事前。否则，可能会遭到围观。（别笑。这种事情我碰到过几次。）

8. 使用第三方应用程序。围绕微博，已经冒出一个完整的生态系统。下面是一些我喜欢的应用程序：

· HootSuite。这个程序我用在微博桌面管理。它甚至会管理脸谱网资料页面、商务关系网，以及其他一些社交媒体服务。很好用，它允许分群组（或纵列）管理。我的群组分为家人、朋友、同事，等等。它既能用于桌面系统，也能用于移动设备。

· Buffer。这个程序用来有计划发帖，以免一连串帖子洪水泛滥似的集中上传，那淹得死人。我把帖子放入Buffer缓冲控制，在一天之中逐渐上传。它控制能力强大，可以确定间隔多久发帖，也可以定时发帖。它有最流行的浏览器扩展，可以直接从网页缓冲控制发帖，也可以缓冲脸谱网状态更新。

· SocialOomph。这个程序用来批量管理系列帖子。比如，我挑出90篇最受欢迎的博客文章，每一篇都相应写好一篇微博帖子加以推介。通过SocialOomph，这个系列帖子每天定时上传一篇。我只要把这些文本文件传到SocialOomph，就什么也不用再管。一切都是自动管理。它还会把帖子发到脸谱网。用Buffer就做不了这事儿。

这些跟微博有关的第三方应用程序很容易把人压垮。千万别这样。就从HootSuite入手，然后在有时间、有兴趣时再逐步深入。

微博只有在使用中才能学好。你能做的最重要事情，就是上路。你真的犯不了多少错误，微博世界多的是欢迎和支持。有这份快乐，与网友分享，只要记住这一点就够了。

四十四　　克服抵触情绪

最近，纳什维尔本地的一家报纸就我使用微博的相关问题进行采访。记者请我谈谈人们使用微博有哪些常见障碍。我说出5条。过后，我在微博关注人中发起讨论，请大家看看还有哪些障碍尚未提及。这就是我的帖子：

请不吝赐教，我正在为写一篇博文做调查研究，内容是：你的朋友为什么不用微博？他们向你谈及的有哪些原因？

出乎意料，我又知道了5条障碍，这一下总数变成了10。然后我又发博文，通过调查猴子（SurveyMonkey）投票，并请微博关注人和博客读者投票，选出他们朋友不使用微博的3条最主要原因。700多人参与投票表决，结果如下：

1."**听上去傻乎乎的**。"这正是我对朋友兰迪·埃尔罗德说过的话，那时他向我推荐使用微博。他的回答很巧妙，"等你试过了，才会真正懂得微博。"我至今认为此话千真万确。因此，如果你还没使用微博，我问你敢不敢用上两个星期。假设两周后你还是不喜欢，那也很好。至少你通过自身实践明白了为什么微博不适用于自己，而不是道听途说。

2."**我不会用**。"这我听得多了。但也不是什么问题。我写作第四十三节"微博使用基础"中,这是所述及的个中原因。假设你完全不懂微博,它会给你打牢基础。假设朋友要想开通微博,用那一节所讲的内容,你就能帮上大忙。(如果你愿意,还可以告诉他们我的相关博文。)

3."**我觉得太费时间。**"曾几何时,这种调调我听得太多了,就特地记录自己一天花多少时间在微博上。当然,我也把这件事写成了博文,具体情况下一节再讲。就我而言,实际情况是,通常一天花不到30分钟。

4."**以自我为中心,过于自恋。**"自己什么样就是什么样,微博不过是起一点强化放大作用而已。你自恋,微博甚至会让你更加自恋,但就不会有更多人来关注你。其中的诀窍就在于,要有一颗仁爱之心,真正关心他人。事实上,正是这样的品质在微博世界才能得到他人的关注和赞赏。心中全是自己,其微博不会成功。心中必须要有你的关注者。

5."**更喜欢用脸谱网或其他社交媒体宣泄表达。**"实话实说,我不痴迷于脸谱网,但这没什么好争论的。人各有志。不过话说回来,为什么还是要选择微博?可以两样都用啊。

6."**是真实人际关系的无聊替代。**"刚开始我也这样想。我已经拥有完美的社交生活,为什么还需要如此肤浅的关系?然而,除了我的一个女儿外,我们全家人在同一时间都开通了微博。这使我们拥有了从前做梦都想不到的联络方式。而且,在微博上,我还遇到了几位极有魅力的人物,他们最后都成为我的真正朋友和生意伙伴。

7."**对于微博没什么好说的。**"不要小看自己。你的生活远比自己想象的更有趣。电视直播为什么受人欢迎?人们渴望真实透明，盼望接触现实生活中真实的人。这使他们有所对比，使其明白自己的生活才是常态。

8. "不想暴露隐私。" 我简直就是针对这句话写过一本书。2001年，莱格尼里出版社出版了我的《侵犯隐私：数字时代如何保护自己》。从那以后，我有了一百八十度大转弯。出于种种现实目的，已经没有隐私可言。通过谷歌搜索，十分钟之内找出来的具体个人资料，远比十年前耗尽终生可能找出的更多。自己的情况，人们想知道些什么，你可以有意识地透露一些给谷歌搜索引擎。这上面，你得放聪明点，要在自己的掌控之中。

9. "看不出对自己的生意有什么帮助。" 我认识的许多人现在已经几乎完全放弃了传统营销，改用微博推销，并且成就巨大。但如果不试，你就不可能尝到其中的甜头。

明达·泽特琳在Inc.com上写过一篇文章《用微博发布新产品》，其中报道了一家公司如何体会到保持圈子联络的巨大力量。

去年以前，NAP公司都是以其Sleepy Wrap牌童车而广为人知。但是公司去年推出波巴童车后，就把精力集中于社交媒体，尤其是微博上。"以前，我们只用传统的网络广告和印刷广告，"NAP社交媒体营销主管艾希礼·朱厄尔说，"这次，一位关注者几个星期就买光了我们的全部存货。"

NAP的经验表明，一些营销专家已经知道：微博是创造口碑的强大工具，是新产品、新服务、新公司，或者经营场地乔迁之后引人关注的理想方式。

10. "不知道从何开始。" 微博极其简单。一分钟之内就可以完成注册账户并上路。所有要做的不过是，不超过 140 个字符回答一个简单问题，"你要做什么？"还有一个甚至更好回答的问题是："你现在关注什么？"你可以发布一两个更新，开始关注家人和朋友。其余的，它自会料理。这一点请放心。

　　反对微博，不愿使用，可能也有一些正当理由。但不在上述 10 条之列。

四十五　　每天三十分钟

在品牌建设、社交网络，以及客户参与等诸多方面，微博提供了前所未有的机遇。

但是，你可能会想，为此自己又会付出什么代价呢？

显然，这项服务本身是无偿的。我不知道微博公司这种商业模式能够支撑多久。他们终归必须要赚钱，要么这项服务最终会取消。但在这之前，你或者你的公司仍然是一毛不掉。

学会它也毫不困难，半小时之内你就会得心应手。

但是，时间才是拒绝微博那些人中普遍存在的障碍。"你怎么会有时间玩微博？"他们问。照我的经验，一天花不了30分钟。

数字是这样算出来的。我是相当活跃的微博用户，一天平均发帖13次。大多数帖子耗时在15秒到30秒之间（没错，我记过时。）别忘了，只准发140个字符以内，花不了多少时间。不过我们还是保守点，假设每帖花30秒吧。30乘以13就是6分半钟。我很可能一天还会再用15分钟去浏览别人的帖子，答复私信。就算这样，我做这些都是在空闲时间——早上阅读之余，白天则是两次会见或者两件事情之间，晚上又当做休闲放松的方式。全部加起来，刚刚超过20分钟。

以我的意见，在时间上这不是大的投入，相对于其收益更是如此。想想看，20分钟你能做什么：上一下脸谱网、打个盹、玩玩"愤怒的小鸟"、收拾整理衣服放进洗衣机，或者做做早点。这些都是好事情，比其他许多事情有价值多了。我的意思是，有时间做这些，就有时间上微博。关键在于要带有明确目的，并且不让它耗费过多时间。

四十六　　赢得更多粉丝

我几乎没碰到过不想要更多人关注的微博用户。有些人振振有词，说数字并不重要。他们只在乎"有品位的关注人"。该不该这样非此即彼，我不好肯定，但我注意到，这样说的人大多数都很少有人关注。

为什么需要更多人关注？原因有三：

·**关注越多，公共权威越高**。像任何其他的排名系统一样，关注度越高，就有越多的人认为你是专家，或者至少是让人感兴趣的人。它可能并没有什么法律效力，但在排名就是一切的世界，却可以大行其道。

·**关注越多，影响力越大**。微博是思想传播的利器。如果你的思想值得与人分享，为什么不向尽可能多的人们传播？微博传播简单得令人难以置信。关注人越多，思想传播越快。

·**关注越多，销售越容易**。你使用微博可能逃不出下面三个原因：娱乐休闲、建立关系，或者兜售东西。不管它是一个商标、一件产品、一种服务，抑或甚至是一项事业，关注者越多，呈现的道路就越宽广，矢志追随的人也越多。

在讲述如何赢得更多关注之前，我先讲讲哪些事情做不得。别想欺骗系统。听上去美妙得令人难以置信，恐怕就真不能相信。如果你不是名人，早已通过其他媒体渠道建立了巨大的受众群体，那赢得关注就需要时间和努力。

能否花钱买关注？（是的，这个可以做到。只要谷歌一下，看看结果！）首先，这违背了微博规则。更糟的是，这样得来的关注与你没有亲密关系。那些关注就像是没有特定目标、普天下滥发的电子邮件，一文不值。

使用号称能提升关注人数的专门软件又怎么样？微博刚刚诞生不久，我用过一款这种程序。真能使关注人数上升，而且非常显著。我以为自己中大奖了，可是，这只是昙花一现。

这些程序都依赖于"硬性关注"和"关注人流失"，也就是说，你关注别人仅仅是希望别人也反过来关注你。假设他们对你不加关注，你就会抛开他们，转而关注别的人。

我的高兴转瞬即逝。微博流行开来后，微博公司对这种行为实行封杀政策。事实上，我知道还有几个人就因这种行为，个人微博账户被关闭。因为，这种行为是对其他微博用户的不尊重，使得微博体验的意义大打折扣。

所以，不要使用不正当的方式来提升关注人数。下面，我想与你分享12条行之有效的方法，用以赢得更多的微博关注。除了我那短暂的实验性主动关注外，这些就是我在过去3年半里赢得107000多人关注的方法。

1. 附上个人照片。一定要上传照片到微博简介。凡是没有照片的，我都不加关注。为什么？因为没有照片说明，该用户要么是专门发送垃圾信息，要么就是菜鸟。挂上一幅很好的标准像，这我在第十五节中做过详尽阐述。

2. 制作一份妙趣横生的简介。这是潜在关注人首先要查看的东西，别只留空白。解释自己是什么人，是做什么的。如果你是一个品牌或一件产品（有点失礼，我知道），要用什么样的标签？标签也要写进简介。此外，一定要写上所在城市名。顺便说一句，假设不填写用户名、全称和简介，微博搜索结果中就不会有你。

3. 使用自定义关于页。微博简介只能有160个字符，没有余地让你讲故事或者全面介绍你的产品。可以考虑在自己的博客中创建一个自定义"关于页面"，在微博简介中加以链接。这样，潜在的关注者点击链接，他或她就会找到你专门为微博用户创建的页面。

4. 让你的微博随处可见。我说不清有多少次读到有趣的帖子，想在微博上转帖链接，却找不到作者的微博用户名，结果只得放弃。你要让人们容易关注，容易推介，把微博账户链接植入自己的电子邮件签名、博客或网站，以及名片等一切地方。

5. 分享有价值的内容。这可能是我最重要的建议。把有用的资源告诉人们。胸怀宽广。传播热情。大量链接。写作的内容要让人们渴望阅读，渴望与自己的关注人分享。这是获得转帖的关键。（我每天平均被别的微博提到173次，我想，这就是原因。）

6. 勤发帖，但别让洪水泛滥淹死人。我阅读博客多数都在上午，大约浏览220多篇，很爱与人分享其中发现的佳作。惯于与人分享，意味着一次就有8～10个帖子发出。现在，我用Buffer缓冲，一天之中逐次慢慢发完，以免让关注人遭洪水没顶。

7. **帖子够短，才能转发**。赢得没加关注的人注意，转发是唯一途径。因此，你必须使帖子方便关注人转发。要让帖子短到别人能够添加转帖符号 RT 和你的用户名（比如，"RT @MichaelHyatt"）。我的转发，需要 17 个字符，包括空格。这意味着我的微博帖子，不能多于 123 个字符（140–17 = 123）。

8. **公开回复**。从前，我以为自己的信息与大多数关注人无关，因而都是通过私信回复。不公开回复，显得清高孤傲。所以现在我几乎只作公开回复。能看到回复的仅仅是那些对我和我的回复对象都加关注的人，也就是说，只是一小部分关注人，因而既没有不合群，又不会使人反感。

9. **实施战略性关注**。这不同于"硬性关注"（前面我已经指责的不正当行为）。此种关注，我指的是关注同行、关注简介中有某些关键字的人，或者甚至关注那些自己的关注人的关注人。他们中有些人就会反过来关注你。如果他们转发你的帖子，又把你介绍给了他们自己的关注人。例如，我可以使用微博的高级搜索功能，找出纳什维尔半径 50 英里之内在其简介或者帖子中使用领导力这个词的所有人。

10. **无私链接和转发他人帖子**。微博培育共享文化。链接的人越多，回报的人越多。而这样带来的必然结果，正是关注人数的提升。你需要别人把你介绍给他们的关注人。但不能要求别人转帖；你只管转发值得转发的内容就行了。

11. **避免过多推销**。是的，你可以在微博上推销自己的博文、产品、活动，以及别的，但是，得当心。有一条无形的线不能跨越。否则，你就像垃圾信息制造者或者愚夫愚妇，不但不能赢得更多关注，反而会让原有的关注人厌倦，其中许多人就不再关注你。所以，我提倡20比1法则（详见第五十六节）。

12. 不使用自动应答。我曾经使用SocialOomph感谢每一位关注人和链接我的博文《微博入门指南》的人。我以为这样做既有礼貌又有好处。事实证明，这很使人反感，只是让人家微博收件箱里更多了一些乱七八糟的垃圾。别做傻事。（顺便说一句，人们订阅我的博客时，我使用了自动应答器表示感谢。然而，这主要是为了让他们知道自己订阅成功。微博不需要这样。）

最后，不要过于为数字焦虑。只要遵循我的上述建议，数字自会料理自己。就像生活中的大多数事情一样，稳扎稳打才是最终的赢家。不要低估时间增量的强大力量。我的关注人数不是一蹴而就，你也同样做不到。

四十七　　切忌无人关注

事实已经证明，微博是个人和组织扩大影响力——即扩展能力范围——的绝佳工具。使用微博，可以跟自己的圈子实时沟通，下达指令，提供援助，这种方式仅仅就在几年前还绝无可能。

尽管如此，我的微博也并非一帆风顺。我可能犯过用户会犯的诸如以下每一种错误。假如你要扩大影响力，增加关注人数（我明白并非人人都能做到），下面 7 种错误应当避免。在其他章节，这些已经有过详细讨论，现在只是一份快捷的备忘录。

1. **用户名很难记住**。假使人们记不住你的用户名，或者非要通过某种方式查找，大多数人都不会再去自找麻烦。结果，你就会被排出对话之外。另外，真名实姓才显得可亲可信。不要藏身于胡编乱造、只是自己才知道意思的名字之后。如果你想改一个更好的用户名，可以在微博的设置面板改，而不用建立新账户，丢掉你原来的关注人。

2. **帖子多于 120 个字符**。前面已经讲清楚，转帖要冠以该词缩写字母 RT，再加上用户名。在我的例子中，那就是 "RT @MichaelHyatt" 加一个空格，总共 17 个字符。这意味着，我的帖子不能多于 123 个字符，这样，人们不加编辑就可以转发。如果你想要别人转发，就要让人们容易转发。

3. 发帖不勤或者过勤。诚然，这全由主观判断。像三只熊的故事，太少与太多之间就是"恰好"。多少才算恰好，这取决于你的目标和读者的期望。如果一天只是发帖两三次或者更少，就不足以引起人们的关注。如果发帖太多，就会很烦人，使人家最终不再关注。发挥聪明才智，形成完整策略，发帖数量要有意操控，切莫率性而为。

4. 索取多，付出少。很明显，垃圾信息发送者和最直接的推销员就是这一类人。他们错误地认为微博只是另一种形式的"打岔营销"。不过，这里我说的是用自己账号参与对话的正规微博用户。但他们也上传过多帖子来推介自己的公司、产品，或服务。必须认识到，微博社区作为"社交银行账户"，你可以支取，但存进去的必须比取出来的多。我说这个比例是 20:1。换句话说，我要上传二十篇左右的有用资源或信息，才能在其中请求帮助解决一个问题、支持一项事业，或者兜售一件产品，诸如此类。

5. 灰心丧气或者怒火中烧时发帖。微博如此便捷，很容易让你灰心丧气之时上传一些东西，过后又感到后悔。

演员艾什顿·库彻就为此饱尝苦头。他崇拜宾州州立大学传奇足球教练乔·帕特诺，听到乔被解雇的消息后发帖说，"你们怎么能炒乔老爹鱿鱼？#耻辱#明察秋毫的粉丝再去上课就是俗不可耐。"他的 800 万粉丝以及微博关注者中，许多人立即让他领教了自己对这篇帖子的强烈愤慨，因为帕特诺被解雇是由于知道手下性侵儿童却不向警方报告。

弄清丑闻真相后，库彻发帖说，"这件事真愚蠢，当时我只是听说帕特诺被解雇了，其余的事情现在才知道。"他后来发帖，"完全收回先前那篇帖子！……当时没了解详情#认错。"

最后则是，"从现在起，我立即停止发帖，直到找出妥善处理此事的方法。这个错误犯大了。今后不会再犯。"

因此，怒火中烧，准备有所行动之前，先来个深呼吸，再想办法了解全部情况。

在所有书面交流——尤其是微博中，问题在于难以交代信息背景和其中的微妙差别。既然负面情绪必须表达，则当面表达更为恰当。如果你向微博上传，就可能得罪人，就可能有大量关注人离你而去。难道这真就是你想要建立的品牌形象？

6. 简介页做得不好。潜在关注人首先查看的是简介页。它看上去应该目的明确，与你试图表现的品牌形象一致。最低限度，要上传一张自己的照片。挂上这张有名有姓的面庞，那你才是有血有肉的人。再花点时间填好简历栏。人们想对自己关注的人有所了解。我甚至链接了我博客上的定制"关于页面"，对通过微博进入该页面的读者致谢，并让有兴趣的人能够做更加深入的了解。

7. 不参与对话。就跟博客不应该只是独白一样，微博也不能搞成独角戏。事实上，Web 2.0——微博只是其中的一项技术——的整个前提是要人们参与对话。它对参与的要求远比其他形式媒体更高。换句话说，如果你不是名人，就不能自己讲完就扬长而去。正因为大家参与，它才更为强大。与客户、与圈子对话，就获得机会向他们学习并反过来影响他们。当然，我不会每一次有人说起自己都给予回应（参见第四十三节，"微博使用基础"),但一定回复每一条私信,除非它明显是垃圾信息。

　　上述备忘录能使你不犯微博用户所犯的常见错误。因此,假如你还是要犯错误,至少不会犯相同的错误。

四十八　　微博推销产品

微博是推销产品或者服务的奇妙方式。但是，我看到，能把它做好的人少之又少。他们上传帖子十分随意，并没有非凡的行动号召，最后却奇怪，自己投入了时间精力，怎么却没有回报。

微博能够成为促进销售、帮助产品进入畅销目录的重要工具。但是，只有在产品设计和营销过程中及早筹划纳入微博，其作用才能很好发挥。用这种方法可以构思出简短、精辟的帖子，在正式发布之前交到最大的粉丝手中。

下面 9 个办法，能确保你在营销活动中尽享微博之利。为简单起见，我都说产品，但应当明白，这适用于你要推销的任何事物，包括你自己、别的人、某种服务、音乐，或者具体有形的产品。

1. 确保产品名称够短。只有一个词的名称十分完美（例如，AppStore 或者 Mashable）。事实上，这也就是我把《平台》定为本书标题的原因。短语也很有效。名称长了让人难以接受。

2. 使用标签，以便关联推广。标签用于显示微博帖子的标题或者关键词。此协议由微博用户系统开发，用于给信息分类。具有相同标签的信息在微博搜索中集中显示。点击某一个标签，就会看到所有使用这一标签的其他信息。如果在产品名称中使用的一个词正是标签或者标签的缩略形式，那就再好不过。

3. **确保微博用户名相对简短**。当然，你没必要把自己的名字改掉，也没必要为你正在推销的某个人、某种产品改名。但是，如果它们超出十二三个字符，就得考虑只用名字的头一两个字符加上姓氏（例如，@MWBuckingham）。这样做的目的在于尽可能给帖子本身预留足够的空间。

4. **确定登录页面**。你要把关注者引向哪里去了解更多信息？它也许是产品的自定义网站（例如，VibramFiveFingers.com），也许是主网站的产品页面（例如，我博客中的"如何制定人生规划"页面），抑或是像亚马逊那样的零售网站的产品页。

5. **使用短网址**。我用 bit.ly，但指向自定义域名，所以我拥有品牌价值。我的域名是 mhyatt.us。这使我能够下达指令：链接托马斯·纳尔逊公司最近出版的畅销书《真有天堂》，将

http://www·amazon·com/Heaven-Real-Little-Astounding-Story/ dp/0849946158/ref=sr_1_1?ie=UTF8&qid=1316621485&sr=8-1

改变为：

http://mhyatt·us/qnp1Ts

如果你有足够耐心输入前面第一个，就去输吧。两个链接都指向同一个位置，但其中一个显著简短。

6. **确定帖子长度**。到目前为止，一切基本上都是元数据，还没打算让任何人点击链接或转发。为此，还需要一篇实际的帖子。但帖子到底能有多长？其长度为，140 个字符（帖子长

度上限)减去标题长度、作者名字、标签,和登录页面链接。

举例而言,假设我正在为安迪·安德鲁斯的新书《最后的顶峰》(The Final Summit)写微博,我手头可能有以下元数据。注意,我把书名转换成为标签:

- 名称:#FinalSummit(12个字符)
- 作者:@AndyAndrews(12个字符)
- 登录页:http://mhyatt·us/i6wQmo(23个字符)

上述几项之和,再加上3个字符的空格位置,总数为50。从140扣除这个数,帖子的实际长度仅为90个字符。但是,且慢,还得为转发者留下足够的空间(例如,@MichaelHyatt)。在我的例子中,包括空格,还得另外留下17个字符的位置。这就是说,帖子只能在73个字符以内。

这看上去太短——确实很短——但是照样可以使其发挥作用。请跟我继续读下去。

7. 确定可用于微博的系列信息。这些信息可能是产品的功能和用途、服务的名人代言、书籍的摘要,或者是让人兴奋的大标题。努力想出简短精练、能够用于微博的语句。它们应该见解深刻、激情四溢,或者是充满趣味。而且,以前述安迪的书为例,还不能超过73个字符。

下面是《最后的顶峰》的若干范例:

- 没有艰苦磨砺哪来耀眼宝石。
- 不经辛勤浇灌没有美丽鲜花。
- 时间构成生命,切莫荒废。
- 逆境之风吹起成功之帆。
- 习惯最能暴露性格。

每一本书都要争取像这样搞出二三十条。

8. 把实际微博帖子集中到一起。这一步，我用的是Windows 的 Mac 或者 NotePad 上面的 TextEdit 之类的纯文本编辑器。现在就可以把它们复制并粘贴到微博上，或者让整个过程自动执行。你先前已经创建了一个专门的促销页面，以便于粉丝们帮助你把信息传播出去，现在也可以把这些帖子传上去，让你的品牌传播者们可以使用。

9. 自动上传帖子。警告：别让这些帖子像洪水肆虐，否则，关注人就要认为你不过也是垃圾信息发送者。我每天最多发一帖，在极端情况下发两帖。要问具体原因，请看第五十六节"实施20比1法则"。

先前已经说过，你可以订购SocialOomph之类的服务，用以加载全部文本文件，然后排定具体间隔时间，在每天24小时之中，逐次上传微博帖子。（也可以使用HootSuite，但其选择有限。）

下面的例子是微博新书促销，其中囊括了已经讲过的所有要素：

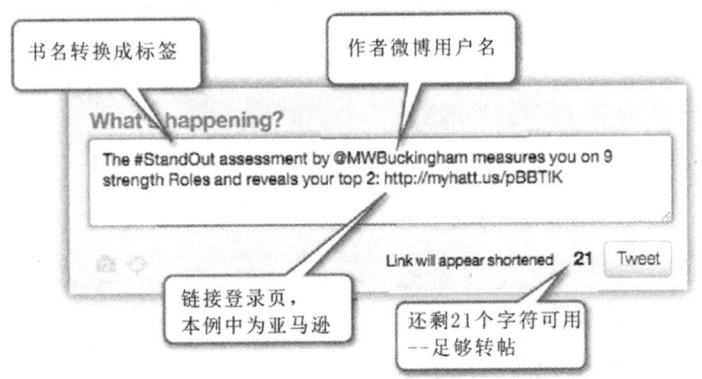

第四篇
扩大影响力

是的,你可以把微博用作营销活动的主要手段。其秘诀在于提前介入,也就是说,要么在产品定型之前,要么在销售计划出炉之前,要将帖子预览稿交到圈子里面,以产生"蜂鸣营销"效果。

四十九　　脸谱网粉丝页

我们已经花了不少时间——当然有充分理由——讨论利用微博扩大影响力的重要性。但是别忘记脸谱网。它可远远不是仅仅用来密切关注家人朋友最新动态那么简单。

脸谱网有一些令人难以置信的统计数据：

- 活跃用户超过 8 亿。
- 普通用户人均连接 80 个社区网页、团体和事件。
- 平均每天上传 2.5 亿多万张照片。
- 可以使用 70 多种语言。
- 75% 以上用户不是美国人。
- 由 700 多万个应用程序和网站整合而成。

脸谱网的全球影响力显而易见，但仍有不少人在抵制使用。从前我自己也是摇摆不定，后来才认识到，脸谱网本身没有问题。问题在我。脸谱网仅仅是一件工具。诚然，它有不足之处，有问题。但根本的问题是我自己对如何使用它缺乏战略性思考。

最初，我的"朋友政策"（如果可以这么说的话）是来者不拒，统统接纳。我认为朋友越多越好。但结果导致产生大量不和谐声音，更不用说增加的工作量。我慢慢厌倦了所有那些加为好友的请求、邀请和通知。

第四篇
扩大影响力

这也迫使我对自己使用的词汇进行长时间艰苦的思考。像许多人一样，我早已开始以非常宽泛的方式使用朋友一词。在反思自己的策略时，我做的第一件事就是收紧关键术语的定义：

•**家人**。这是指与你血脉或者婚姻相连的人们。这个词我偶尔也用得宽泛。家人不是指亲密的私人朋友或者"工作僚属"，对他们以家人相称既不准确，又无益处。它造成的虚幻假象没有真实性。最好在它本来的意义上使用该词。

•**朋友**。这是你在现实生活中所认识的人。他们在现实生活中与你面对面见过、享受共同的时光，并且相互影响。（这三个要素很关键。）

•**熟人**。这些是你在网上或者网下碰到过的人。你可能知道他们的姓名，或者甚至熟悉其面孔。你们从前一度可能是朋友，但是关系后来疏远。在表面上你们互相认识，仅此而已。一定要搞清楚，这些人不是朋友。

•**粉丝**。这是知道你公众形象或者职业的人。你也可能会犯糊涂……因为你们之间的关系是单向的。例如，我是克里斯·布罗根的粉丝。我们甚至还见过一次面。通过其博客和微博，我知道他许多事情。这就造成以为相互之间很亲密的错觉。一不小心，我就会误以为自己跟克里斯关系非同一般。但并非如此。我只不过是他众多粉丝中的一位而已。

心中有了这些清晰的定义，我开始重新思考自己的脸谱网进入方式。我决定，脸谱网简介基本上只用于家人和亲密的朋友，以免收件箱里推销邮件和八竿子打不着边的邀请泛滥成灾。

然而，考虑到上脸谱网的人远比上微博的多，自己的博客流量至少有 5% 由脸谱网而来，我决定，为所有想与我联系的其他人创建一个粉丝页。

立此为证，我非常不喜欢粉丝页这个词汇。它让我浑身都不自在。相反，我真希望脸谱网用公众页取代粉丝页，用私人页取代简介页。我认为，这样才能表明两者之间的区别。

不管怎样，我的页面两侧均设置微博反馈。在我的粉丝页上，互动很少，但我正需要以此保持头脑清醒。"粉丝"们可以在我的墙上留言，而我则尽可能答复，就像我在微博上回应他人或者回复私信一样。

一旦粉丝页设置完成，脸谱网的友好技术支持就把我所有的朋友搬迁来此。然后，我就将那些所有不是家人或者不是现实生活中亲密朋友的人删除好友。这样，我的脸谱网好友从2200多人锐减到不足100。应该指出，最好的办法是设置粉丝页，然后请脸谱网好友迁入其中。有些人会搬迁。有些则不。

这是一个缓慢而乏味的过程，因为只能一次删除一位好友。脸谱网目前不提供群删途径。费时费力，我花了好几个晚上才搞定。假设必须重做一次，我可能会删除原有的账户重新注册。这样都更容易。

以下是我从中获得的主要教训：

·必须弄清朋友、熟人和粉丝之间的区别。

·想跟每个人都交朋友，就没有朋友。必须慎重考察，精心挑选。

·你可能会得罪一些你删除好友的人。得罪就得罪吧。理智的、真正的朋友远比满足粉丝和熟人的期望更重要。

·在简介页接受好友需慎之又慎。鼠标就这么一点,接受好友容易,删除好友却要花上三倍的时间和精力。

身处这个疯狂的社交媒体世界之中,我认为,就如何建立网络关系,分清公众与私人,我们需要深思熟虑,以及灵活机智。然而,今天行之有效的,明天却未必见得。在一百位关注人中行得通,未必在一万位关注人中就行得通。将来某个时候,你应该重新考虑自己的在线策略。

五十　　统一品牌形象

假设你真要开通博客（这是搭建平台的关键），为了辅助博客，把自己的名声传播出去，需要在微博、脸谱网、播客网开发网页。你要分别拍摄、分别上传照片到这些页面上吗？或者你想要一个更为一致的品牌形象，一个能把所有这些媒介紧密联系起来的品牌形象？

不久前，我上传了一张新照片到微博个人简介，然而并没有更改简介背景资料。上面老的头像依然保留，设计风格还是几年前由专业设计师设计的那样。我决定再去访问这位设计师的网页，看看他的公司还能做些什么。

这位严谨的设计师专门为微博、脸谱网和播客网设计模板和定制图案。他使客户能够有机会建立贯穿上述三个主要社交媒体平台的一致品牌形象——而且价格实惠。

我决定请他设计所有上述三个媒体的简介页。费用？你可能以为要好几千美元。但在这家不寻常的公司，只消花几百美元。如果你找他们，真会做成一些好生意。

无论是自己设计网页，还是请他们帮你设计，下列4个要素都需要纳入贯穿所有平台的统一基础之中。

1. **姓名**。在每一个地方使用的都完全相同。无论是叫迈克尔还是迈克，朋友们知道那都是我，但是在品牌词语上，我只能是迈克尔。

2. **标识**。也可以使用与自己姓名相关联的字体。我使用底下带斜箭头的"对话气泡"，并在其中以反差显示突出我固定风格的"MH"。此框类似于连环漫画中的对话框。本书（指原版书）封面也使用同样的设计思想：

MH MICHAELHYATT
Intentional Leadership

3. **头像**。请专业摄影师拍摄肖像，并且在所有地方都使用同一肖像。最好是特写镜头。如果是演讲人，可能需要动态抓拍。

4. **品牌表述**。这可以是标语口号、销售路线，或者甚至就是世人熟悉——抑或是想让世人熟悉——的产品或者服务的名称。我的用词是领导力，并且还收入了与本书封面话筒照片相同的一幅话筒照片。

要建立强大的平台，品牌形象一致至关重要。我为此殚精竭虑，你也应该将其作为头等大事。

五十一　　应对传统媒体

假如在网络平台取得成功，你就必然会被邀请出席广播电台、电视台，或者网络的访谈节目，座谈你的产品、服务，或者事业。学好如何应对这些节目，也至关重要。假设你已经拥有令人叹为观止的产品，公众宣传就最能促进销售。

出版自己的第一本书后，我就深陷其中。在18个月里，我出席了1200多次访谈。除了国家和地方的广播电台、电视台外，所有的三大电视网加上美国有线电视新闻网我都上过。在这段时间里，我经历了三轮专业媒体培训。这是火的洗礼。

近年，我的角色颠倒过来，从被采访的作者变成采访作者。有两年的时间，我担任由美国第二大鸡肉快餐连锁经营公司Chick-fil-A冠名的"领导力背后"节目主持人。在此期间，所有的演讲嘉宾演讲结束后，我都做过采访。此外，我还经常为自己的博客采访作者。

非常遗憾，大多数生意人花很多时间来完善其产品或者改进服务，却很少练习其访谈技巧。结果，他们并没有实现本来应该实现的销售业绩。

因此，基于自己作为访谈嘉宾和采访者两方面的经验，我想奉献10个小窍门，用以改进你的访谈技巧：

第四篇
扩大影响力

1. **精心准备访谈**。显然，如何准备取决于业务或者事业不同而有所不同，但建议都一样。如同大学的期末备考，搜集资料，帮助记住重点。这样你就不必担心大脑空白或者思维卡壳。

还记得里克·佩里那场灾难性的辩论吗？他大脑一片空白，竟然想不起自己一贯主张撤销的三个联邦部门的名字。幸运的是，出席访谈允许携带笔记。

我早年的访谈，多数都是有关自己写作的书籍。每本书出版前，我都要理出所有可能被问到的问题，针对每个问题，再写出三至四个谈话要点，而不是逐字逐句写好答案。然后再搞一本"提要书"，就是为书中每一章都粘贴一个标签。在每一章后面，又附上相关谈话要点、统计数据，以及图表。我就根据这些做即兴谈话。

2. **切忌喧宾夺主**。记住这场采访并非围绕你而做，甚至你的产品或者服务也不真是真正核心。许多新手都会因为不明白这一点而犯大错误。你不是这场表演的主角。主持人才是。或者，可能更准确地说，观众听众才是。你的工作任务就是使他们保持对话题的兴趣，不让他们再去拨打别的电话。这才是制片人讨得广告商开心的关键。

3. **了解受众**。了解受众，才有可能满足他们的需求。电视访谈节目，广播访谈节目，以及互联网访谈节目都是用来向广告商显示统计数据和心理信息的。你可以不太在乎这种追求，只要向制片人或者电话登记员问问相关信息就行。另外，访谈开始之前，很有必要问问制片人，关于受众有没有什么特别应该让自己了解的。

4. **别指望主持人提前做过功课**。许多第一次上节目的人抱

227

怨，主持人对自己要讲的内容一无所知。相信我，这很正常。假设他没做准备，也别失望。无论如何，这是实况转播，别提些问题让他难堪！相反，要提供一份问题清单给制片人，让主持人提起问来显得很内行。十次中少不了有九次，你会被问到这些精心设计的问题。这样一来，你也显得聪明机智，也收获了意外之喜！

5. 几句话说清想说的问题。这一点很多人做不到。他们从来没有精心制作过电梯演讲。前面的章节已经讲过电梯演讲，但这里的概念是要将它用于媒体：你在纽约走进了美国国家广播公司的电梯，突然见到"今日访谈"节目制片人站在身旁。她客气地问你最近有没有弄出什么小玩意儿。你有上升10层楼的时间跟她讲话——大约15秒钟。你会说什么？写下来，记牢。应该不超过两到三句话。

6. 仔细倾听提问。急躁并且打断主持人的情况很容易发生，这绝不是好事情，可能导致答非所问。一定要让主持人说完，再确认所提问题。即使问话咄咄逼人，你也可以说些类似于，"我完全理解你为什么这样说。事实上，我刚开始研发这个产品时，也有完全同样的担心。"然后再回答问题——不要回避。

7. 回答要言简意赅，一语中的。最糟糕的事情就是东拉西扯，让主持人摸不着头脑。主持人想方设法插话，要把谈话引向正题或者叫"引导飞机着陆"。制片人也许已经插进音乐加以暗示，但嘉宾还在滔滔不绝。这就不好了。好的访谈宛若网球比赛：主持人击球过网，嘉宾到位还手击打，如此循环往复。而且，说话一定要简短。

8. 精神饱满，真实可信。从主持人的角度来讲，最不能容忍的就是那种讲话萎靡不振且又浅薄无聊的访谈。假如你都不为自己的产品兴奋激动，怎么可能指望别人兴奋激动？如果这场访谈是听众可以拨打电话进来的广播电台访谈，那就站起身来。走动。微笑。即使听众看不到这些，也会从你的声音里面感知。相信我，这样做，效果有天壤之别。

9. **不要争辩**。别指望主持人扔给你柔软的垒球。他的工作就是吊起受众的兴趣。你可能会碰到很棘手的问题，以及有几分戏剧性的场面。这实际上有助于你赢得受众的认可——只要你提前做了功课，并且遇事不急不躁。压下想要争辩的冲动。争辩只能暴露内心的虚弱。相反，要赞同能够赞同的一切。遵循感觉—感到—发现公式（feel-felt-found）讲话："我知道你的感受。我当时也有这种感觉。不过，在研究中我发现了这样一些东西。"

10. **把听众引回产品**。如果不能将人们引回你想说的内容，公众宣传对自己就毫无意义。如果咄咄逼人，就会赶走潜在客户，以及主持人。如果打不起精神，宣传也不会带来销售。相反，要讲到自己的产品或者服务，提供一些有价值的东西或者免费样品，然后告诉人们到你的网站上了解更多信息。

打造成功产品只完成了一半工作。另一半工作是进入作为产品主要代言人的角色。如果这一步做得好，就可能为自己创造稳定而成功的终身职业。

事实上，就更进一步改善技巧，我的一位博客读者，约翰·理查德森，还提出了几条建议：

• **出席酒会**。加入司仪小组就获得了在安全环境下现场练习参加访谈的机会。司仪们有完整的演讲手册，可用于电视台、广播电台，以及其他形式的现场互动。

·**请形象顾问指导**。如果要上电视、视频，形象的重要性也丝毫不亚于讲话内容。穿着得体，头发经过专业理发师打理，可以使你的演说十分出彩。

·**雇用发音教练**。如果要上广播电台、视频，或者其他现场访谈，恰当的语调、语速，以及抑扬顿挫，对增强互动效果真有显著作用。学习发声，不用诸如嗯、啊、唔之类的语气助词，会使你的声音听起来更专业。

约翰的观察结论是："上述三件事，可能会花费你几百美元和一些时间，由此产生的视觉和听觉形象，得以在千百万电视观众面前焕然一新，可以确保你实现预期目标。"

第五篇

加入你的群落

五十二　　赢得博客评论

最令人沮丧不过的事情，无外乎是上传了自认为十分重要的博文后，本来是期待评论如潮，然后却只剩是等待，等待，不尽的等待。

相反，一篇博文赢得评论并且与读者产生了直接的交流和互动，这是自己最大的收获。相比于其他任何单一因素，激励我这么些年来一直不停地写作博客，最大的动力就在于此。但怎么才能赢得更多评论？怎么才能与读者更多地交流？我发现下面7条策略十分有用：

1. 博文以问题收尾。文章最好采取开放式结尾，越开放越好。我在具体实践中发现，以一个问题简单收尾的方式非常有效。这样做就像给读者发出邀请来参与互动。皮特·威尔逊的博客《没有打蜡》（Without Wax）即采用此技巧，为其赢得了极佳的效果。他最近发表的博文《死亡了的感激之情》，用这样一个问题收尾："你觉得有什么事情是理所当然的，因而不对之心存感激吗？"

2. 使用链接式评论系统。这样做有利于读者直接在线评论，并可以回应其他读者的评论。一个优秀的博客一定不是独白或者对白（只允许读者回应你的观点），而是提供一种机制，你的主场你做主，调动读者之间积极互动，相互交流。为此，我的博客目前采用了 Disqus 软件系统。

3. 突出显示评论数量。自从我把博客评论条数展示在文章标题旁边后，这些数字就开始显著上升，我无法解释个中原因。如果数字偏低，人们就想投入其中，争当第一个评论人。如果评论数很高，读者会认为这个话题热门，也要积极参与而不甘落伍。无论怎样，你都是最终赢家。

4. 便于读者参与评论。众所周知，垃圾评论是一个不容忽视的问题。不过大多数现代博客系统都能拦截垃圾评论，且不给读者评论造成困难。（如果你正在使用 WordPress，只需安装 Askimet 插件即可。）如果你真心让读者易于评论，就不要坚持所谓的审核原则，即所有评论发表之前先由你审批。不能要求评论者在线注册，不要使用诸如 CAPTCHA 之类令人讨厌的技术来提防垃圾信息机器人，这些毫无必要。

5. 参与对话交流。正如我在前面第二十八节"谨防写博误区"中曾经探讨过的那样，一旦发起对话（博客帖子），就要讲究礼节，坚持参与。读者需要与你交流，他们彼此之间也会相互交流，但如果知道你阅读了他们的评论，并且还坚持回复，那就更愿意参与评论。当然，这需要花费些时间，但如果想获得更多评论，这就是你所能做的最有价值的投资。

6. 奖励最佳评论。可以在侧边栏列出最佳评论人名单，由大家评选。还可以发放赠品或者举办别的竞赛（当心不要同各种彩票和抽奖法律相抵触）。发挥创造性。人们都喜欢免费的东西，或者哪怕是打折的东西。

7. 回应批评恰如其分。假如人们看出你敏感、好争辩，或

第五篇
加入你的群落

者粗鲁无礼,参与对话就会觉得拘束。现实生活当中这样,博客上也是如此。如果放开让不同意见自由表达,就能提高你的声望,鼓励人们更多参与交流。我唯一一次删除评论——非常罕见——是他们之间恶语相向、攻讦谩骂,都跟帖子内容八竿子打不着边了。(参见第五十五节"制定评论守则"。)

鼓励评论,还有许多别的方法,但以上几条,对我不无助益。下一节,我们讨论对评论有选择地给予回复。

五十三　　针对性回复评论

评论是博客明显区别于其他写作模式的主要特征之一。你的写作立竿见影，这边住笔，那边就获得了反馈。这可以使个人获得极大的满足感，但同时也就如何与读者保持关系向你提出了巨大挑战。

最近半年里，我发现自己博文的平均评论数量翻了一番，接踵而来的问题在于，尽管我想对每条评论做出回复，但力不从心，显然无法实现。

试想，假如你的博客读者增加到一定数量，每篇博文获得50多条评论，你能保证做到对每条都加以回复吗？对此我深表怀疑——至少，这样坚持不了多久。

好消息是，你没必要对每一条评论都回复。我没有那么做，而且从未为此而感觉到有丝毫内疚，以下是我的理由：

- **博客交流如同宴会**。你把每个人邀请至家中以共同品尝美味、交流沟通，你的博客内容就是那些开胃菜，端上来就是为了吊起大家的胃口。

- **交流本身才是主菜**。菜肴在整个宴席中无疑很重要，但是，良好的宴会与完美的宴会之间，差别并不在于菜肴，而在于席上宾客之间的交流互动。

- **主人不必面面俱到**。身为主人，你不要试图对所有评论都详加回复。其实，在真正的宴会上，主人对每个细节都要插嘴就会显得十分怪异，会把过多的注意力吸引到自己身上。相反，宴会必须以客人为中心。
- **适时出场方显价值**。我偶尔做点评论，只是为了让人们知道我并不是把他们请进家门就再也不露脸。答复问题、澄清自己说过的内容，或者告诉访客别的资源，当我认为通过这些事情能够为博文新增一些附加值时，也会发表评论。

总之，不必回复每一条评论。虽然没有严格的科学界定，但我倾向于只回复其中的20%。对你而言，多点少点也没什么要紧。对我而言，对当下而言，20%似乎很恰当。

五十四　　营造健康氛围

如果美国当前的政治气候是某种风向标，那就表明，缺乏礼貌的公共语言已经沉沦到前所未有的水平。似乎没有人在听对手要说什么。专家（还有政客）无一例外，都想压倒对方。音量显得远比道理更为重要。

你可能无法解决这种文化问题，但却坚决不能任其在自己的博客中出现。最近，一位编辑，也是出版商豪华午餐会的会员，看到我的博文《为什么电子书这么贵？——以一位出版商的视角》上有大量评论，发表评论道："这里令人印象深刻的是，讨论问题平心静气，文明礼貌，甚至那些观点完全不同的人也是如此。十分欣赏大家的讨论都是为了澄清问题。"

这并不是一个意外的特例。长期以来，我都在致力于培育这种氛围。为什么？因为我看重健康文明讨论的价值，我热爱引领并且参与有意义的对话。我乐于承认自己有很多问题不懂，要向大家，尤其是向我的评论人学习。

但是如何才能保持博客上的对话健康积极呢？怎样才能使持不同意见者畅所欲言而又不令人反感呢？

有5个窍门：

1. 借助软件。你可以使用强有力的垃圾信息拦截器。我使用的软件是 Askimet。它由制作 WordPress 的 Automattic 公司制作，能在半道上截杀垃圾评论。哪怕一天之中涌来上百条垃圾或者色情评论，Askimet 都能识别并予以屏蔽。偶尔它也会把正常评论当做垃圾，但我还没见过它让任何垃圾冲破阻挡闯进来。

2. **制定规则**。在个人博客上创建官方评论守则。对于这一点，我将在下一节中与大家详细分享，不要指望别人在不知道规则的情况下会自觉遵守。你会看到，我非常清楚自己允许什么，不允许什么。我写了一条警告，链接在发表评论框，说："敬请注意：对恶语相向、攻讦谩骂或者与话题无关的评论，我保留删除的权利。如有疑问，请阅读'我的评论守则'。"（详见第五十五节"制定评论守则"）

3. **参与交流**。这是最重要的技巧。你的聚会，人们自然期待你的参与。如果自己不参与，你的博客就会变成废弃的房子，流氓恶棍进来肆意破坏、乱写乱画就丝毫不足为怪。只有自己活跃其中，才能保持对话文明礼貌。

4. **凸显自我**。在博客中要突出显示自己的评论，以凸显主人的存在。我用另外一种颜色使自己的评论特别醒目。如果你使用自托管的 WordPress，这非常简单。这样，人们向下浏览评论时很容易分辨哪些是你自己写的。人们知道你也在其中，就可能更愿意参与评论——并且文明评论。

5. **强行删除**。我很少删除评论，但对一些八竿子打不着边，或者惹是生非的，则必须删除。同样，有些评论人简直就是一心想要挑起战争的"魔兽"，或者天下舍我其谁的变态狂。我不能忍受，坚决封杀。他们的评论就像是墙壁上的胡写乱画，如果保留，只会招来更多的乱七八糟。

好的评论，哪怕它出自意见相左之人的手，也能增加博客的价值。如果你要致力于博客社区建设，就要予以鼓励，但同时必须提防有人滥用你的社区平台。

第五篇
加入你的群落

五十五　　制定评论守则

在我写博初期若干年间，一直没有指定一个评论守则，但是在之后遭遇到一些恶意评论后，即决定建立起一些参与规则，俗话说：没有规矩不成方圆。博客世界同样如此，缺乏规则，一些交流和对话会变成相互比嗓门音量的竞赛，以至于将其他试图参与者吓得逃之夭夭。

痛定思痛，我很快就精心制定了正式的评论守则。它涵盖了所有的基本要素，对我后来的博客生活不无助益。欢迎你复制或改编这一守则，变为己有。其实，我已经把它复制在这里供你参考，以免你重复劳动，浪费光阴。

> **我的评论守则**
>
> 众所周知，Web2.0的全部目的就是为了交流。但是，如果没有几条简单的基本规则，对话就会变成吼叫比赛，吓退想要参与交流的其他人。
>
> 为此，特制定以下评论守则。到我的博客上发评论，即表示你同意遵守下列规则：
>
> **1. 评论无需注册**。你可以通过Disqus、开放式认证系统、微博、脸谱网进入，或者根本就不进入。这完全由你决定。
>
> **2. 可以匿名评论**。我不建议这样，但假如你愿意就没

问题。如果本条规定有所冒犯，我可以将其替换。

3. 可以上传后续问题。如果你有问题要问，这个问题很可能不单单是你要问。其他人可能在想同样的问题。因此，我希望看到你在我的博客上评论，而不是发来电子邮件。面向大家同时阐述，远比分别答复几封相同的电子邮件更能有效利用时间。

4. 可以发表不同意见。我欢迎辩论。然而，请用礼貌的方式表达与我——或者别人，二者都一样——相反的意见。我个人认为，大喊大叫在公共场合令人难以容忍，在这儿也一样。

5. 本人保留删帖权。这是我的博客。我没有义务发表你的评论。《美国宪法第一修正案》赋予权利，让你在自己的博客表达自己的思想，而不是在我的博客。

具体而言，以个人的标准，本人将会删除的评论如下：a. 没有礼貌；b. 跑题；c. 诽谤、中伤、谩骂、攻击、恐吓、污蔑、淫秽、粗暴、虚假、误导，或者其他违反，包括鼓励他人违反我所遵循的文明礼貌原则、法律，其中包括知识产权保护法；d. 垃圾信息，即企图打广告、拉生意，或者促销产品和服务的其他行为。但可以上传你的网址或者最新博文链接。

6. 评论责任自负。自己的评论，自己保留权利，并承担由此引发的相应责任。我不保有你的权利，并明确宣布不承担它们可能引起的任何法律责任。在我的网站发表评论，即表示你同意自己保留所发帖子的所有权利，并免除我这些帖子可能引发的所有法律责任。

7. 同意本人发表你的评论。此承诺为全世界范围内、不可撤销、非限定用途、无版税，并赋予我权利以任何形式存储、使用、传输、展示、出版、复制你的评论，包括在博客、书籍、视频，或者演讲之中，但不仅限于其中。

总之，我的目标是当好东道主，与富有爱心、诚实、可敬的人们展开有趣的对话。我相信，上述简单的评论规则有助于目标达成。

五十六　　实施 20 比 1 法则

当你试图通过搭建平台打造个人品牌时，这里有一句话要送给你，可谓金玉良言：这里虽然免费，但绝非向千千万万关注者滥发信息、兜售产品的机会！

一千次的蠢蠢欲动，我就要向你一千次地喊停。微博、脸谱网、谷歌＋，以及其他社交网络是关系工具，不是业务工具。社交媒体对于慷慨仁慈、关心他人，以及乐于助人者不吝奖赏酬答，这与许多人的想法恰恰相反。

我确信上帝赐给我们与人交往的禀赋，人人概莫能外，以上这些工具是舟船，借以摆渡我们内心深处与人交流的渴望。当大家彼此信任之时，舟船畅行无阻。若变成另外一种形式的垃圾信息，使这种信任被破坏时，这些工具又成了阻塞交流的障碍，以至于大家寸步难行。

例如，有一个星期天上午，克里斯·布罗根上传了他的新购 Eagle Creek Tarmac 22 小行李箱视频。我正好在商场，想买小行李箱，而我非常尊重克里斯的意见——尤其是我知道他一年四季都在出差，是这方面的行家。我马上进入 Eagle Creek 网站，找出当地的零售店，下午就买了一个。（顺便说一句，我很喜欢这个箱子，并且还在使用。又是口碑行动！）

克里斯没想卖东西给我。他不是推销员——至少，在传统意义上不是。他仅仅是在分享自己认为有价值的东西，从而有助于人。而我则是因为信任克里斯，就采纳他的意见，购买他推荐的行李箱。这正是社交媒体的运行方式。必须抛开那种以打岔为基础的古老传统营销模式。它过时了。

但克里斯并没有向我要任何报酬。事实上，他仅仅是请关注者或者博客读者加以评论。他就这么日复一日向读者忠诚奉献。他在网络世界慷慨仁慈，换来的是，一旦他有所要求，关注者和粉丝们就会积极响应。

这种现象，我在前面的章节中将其称之为"20比1法则"。它代表一种比例关系，意思是说，每一笔营销提款必须储蓄二十笔关联存款。这不是科学，我没有任何过硬的实证依据加以证明。

但是我看到，如果一味提出要求——买你的书、参加你的研讨会、注册你的什么事业——却没有存入足够款项，人们就开始装聋作哑，最后则取消关注，中断与你更新的链接。

事实是，没有人想被垃圾信息骚扰。不止现在。有太多替代信息来源。如果你想搭建社交媒体平台，搭建人们愿意倾听你话语的平台，就必须成为奉献者，而不能成为索取者。"20比1法则"是极其有效的经验法则，原因正在于此。

五十七　　监测个人品牌

无论你喜欢与否，人们都在谈论你、你的品牌，或者你的网络机构。此刻就在谈。你知道他们在说些什么吗？你喜欢他们所说的吗？

前面我们已经讨论过，社交媒体战略的一个重要组成部分是建立前哨站（参见第十七节"了解营盘模型"）。这有几分像情报机构或者监听站，使你得以监测网络对话。任何人任何时间在网上提到我的公司或者我，几分钟之内，我就能知道。

举个例子。我还在担任托马斯·纳尔逊的首席执行官时，公司的一位零售伙伴在博客上发帖子，抱怨我们发送的货物受损。他非常难受，因为其中装有一位顾客的重要订货，而他是做过承诺的。结果造成他处于失信于人的难堪境地，必须打电话给顾客，解释不能按照承诺交货的原因。

得力于自己的网上监控系统，他的帖子上传不到一个小时我就注意到了。

我立即进入他的博客，在那篇帖子的评论框里向他道歉，并保证早上公司一上班就解决他的问题。负责他那一块的销售人员也与他联系，送去头一天受损的书籍。

这种形式的互动有四大好处：1）得以解决客户的问题；2）立即得到所做服务的市场反馈；3）表明你在倾听，并迅速反应；

4）让你有机会表现如何处理客户共同关心的问题（该实例中所体现的对其博文的反应，但电子邮件、电话，或者亲自上门也都一样）。其中，第四点尤其重要。虽然你可能会长时间挂在网上，但是如果你不参与对话，就显得傲慢、无能，抑或是两者兼而有之。

无论是个人还是组织团体，下面几种措施都可用于自身品牌的网上监测。

1. 注册谷歌服务器。谷歌新闻定制自动发送服务十分迅捷，而且超级简单。最重要的是，还完全免费。注册后，输入想要监测的名单。我建议这样开始：

你本人的名字及其变体；你主要高管的名字；你公司或组织的名称；更重要的是你的品牌、产品或者服务的名称；以及你主要竞争对手的名字。

然后，决定你想要怎样得到通知。虽然可以选择通过电子邮件通知，但我使用"数据馈送"选项。（我收到的电子邮件已经太多。）这意味着该通知会自动进入我的 RSS 阅读器中显示出来。

2. 使用微博搜索功能。这个方便的小工具可以同样用来监测用谷歌新闻定制自动发送服务监测的名字。然后你可以保存搜索以备再用，或者在浏览器搜索结果页面夹上书签。作为替代方案，还可以在 HootSuite 或者 TweetDeck 创建搜索栏。

3. 主动参与对话交流。正面评价，你得感谢；负面议论，你须回应。否则，这场对话就变成了一边倒。这些议论最初出现在哪里，你就在哪里回应。

4. 解决问题。监测就会有所收获，对问题予以回应甚至收获更大。但是继续跟进，解决了问题才算完事。当然，你不可能让所有人都满意，但至少应该试一试。无论如何，不要责怪客户提出的问题！

话音未落，人们又开始在网上谈论你了。你所要面对的唯一问题就在于，自己是否要参与对话。

第五篇
加入你的群落

五十八　　捍卫个人品牌

打造一个品牌需要花上若干年时间，不幸的是，在此期间并无多少捷径可循。打造品牌——与建立信誉相似——是一次一个印象，点滴积累。与每一位顾客的每一次相遇都是在自己的"品牌账户"中"存储"或者"支取"。

20年前，如果有一位顾客在你的公司经历不愉快，当时的问题并不会很严重。当然，他会告诉自己的朋友。然后一旦有许多人不愉快，他们也都会告诉朋友。最后，这些不愉快会毁了你。所谓"千里之堤，溃于蚁穴"，最终的结果并非一夜之间发生的，而是经过了长期积累和铺垫。

今天的情况却大不相同，因为数据交流改变了一切。顾客一旦有所不满，就可以写电子邮件给朋友，发微博给关注人，还可以上传博客帖子。一眨眼的工夫，一次不愉快的经历会连锁反应形成为几千人，甚至几百万人的印象。品牌在几天之内就可能遭到毁灭性打击。正是由于这样的原因，使得在网上捍卫自身品牌成为生死攸关的问题。

对于乱子如何发生，在此有一个例子。戴维·奥尔斯顿的妻子同U-Haul卡车出租公司打交道，非常不愉快，他发了一条微博："我妻子刚刚遭到U-Haul本地客服代表的粗暴对待。非常粗暴。他们还要做生意吗？"

几秒钟之内，他的5000多微博关注人都收到了这条消息。不到一小时，又有20多位微博用户投诉自己与U-Haul的不愉快经历。成千上万的负面印象接踵而至。对话像雪球似的，越滚越大。

接着，戴维取消了在U-Haul的预定，然后向Penske公司定了一辆卡车。那里的客服周到细致，他把这次愉快的经历再写成微博上传。又是一次滚雪球效应。

才几个小时的时间，U-Haul损失了数千美元收入，而Penske的收获却可能不只是几千美元。这还没有计算对U-Haul品牌的长远损坏。所有这一切都因为U-Haul不懂得今天的消费者原始力量有多么强大。

这种事件，每天在微博上演几百次。通过电子邮箱信息、博客、聊天室，以及论坛也在不断上演。

最近，我遭遇了一次不愉快的客户服务后，也亲身经历了这种事件。我把事情往微博上一发，又写了博文上传。跟着，人们把遭遇恶劣客户服务的经历一个接一个抖出来，简直数不胜数，让我吃惊。

这引起了我的思考。如果你——这个你包括每一位首席执行官、每一位老板、每一位营销人员、每一位广告代理人，以及每一位客服代表——在负责建立或维护一个品牌，就需要懂得在网络上如何保护品牌。我们处在前所未有的巨大风险之中。

在数字时代如何捍卫自己的品牌，下面有7条建议：

1. 占领网上阵地。营造受众群体必须在有所需要之前。要拥有一帮关注者，以提高自身价值，如果你愿意，他们还可以

第五篇
加入你的群落

(Customers for Life) 一书中。休厄尔是得克萨斯州达拉斯市的凯迪拉克经销商。干了没多长时间，他就发现顾客的价值远远高于单笔交易，并且计算出，每位顾客的潜在价值为332000美元，假如他每隔几年回头买一辆新车的话。(该书写于1990年，因此，按照今天通货膨胀后的调整价格，这一数字可能会翻一番。)

再来看美国航空公司。他们的业务客户终身价值，我敢肯定，也值好几万——也许好几十万——美元。很幸运，我与他们打交道多数时候都很愉快。但假如我有安妮那样的遭遇，结果不言而喻。

我们来做一道数学题，很好玩的。我当托马斯·纳尔逊首席执行官时，最具代表性的年头花在美国航空公司的费用超过12000美元。假设我现在每年旅行大约也花相同数目，我的职业生涯有40多年（从25岁到65岁）。以此为基数，不加通货膨胀后的调整，计算起来很简单，对于美国航空公司而言，我的终身价值为480000美元。这可不是一个小数目。

但这才接触到问题的表面。这只是我的美航价值——仅仅是我的。在我影响范围内的每一个人又会怎么样呢？我在托马斯·纳尔逊的时候，每年我们有200多名员工乘坐美航班机旅行。我还有众多的微博关注者（目前10万多）和博客读者（目前每天5万多）。连锁反应不可小觑。无数的钱财有累卵之危。

不过，我仅仅是用美航作为例子。我要再一次强调，他们对我的服务都非常不错，一切都让我满意。他们就是我的飞行选择。在此，我的观点更主要的是针对个人：你的客户或者跟你密切相关的一切人，其终身价值是多少？你停下脚步计算过吗？不仅你要了解什么才是利害攸关，你身边的人也都要了解。

253

它真正就是你事业的未来，你品牌的未来。

6. 立体解决问题。这里的立体是从人的角度，要让员工——或者你本人——都能解决问题。对顾客而言，最郁闷的莫过于碰到打官腔。我们都碰到过。"非常抱歉，夫人，但是我必须先请上级批准。"还有更气人的是，"我很想帮你的忙，但是规定不能这样。"

畅销书《每周工作4小时》(The 4-Hour Workweek) 作者提姆·菲利斯告知手下员工和承包商："始终要让客户满意。100美元以下的问题，自己判断分析，自己做主解决。此为正式书面授权，所有耗资100美元以下即可处理的问题，均无需请示。"

我认为这非常明智。事实上，我把限额提高到了200美元。我还要求，事情处理后，所有员工都要向上司汇报，使得万一是系统性问题导致劣质的客户服务，就可以处理之后形成制度，一劳永逸。

菲利斯接着写道，"一旦赋予责任，并且表明你的信任，员工的智商像是翻了一倍，让人吃惊不小。"授权一线员工不得拖延，当场解决问题之后，劣质服务变为优质服务，其速度之快，让你叹为观止。对于客户而言，这才最能体现你公司的价值。

请注意，我还建议过让你自己解决问题。这我指的是心甘情愿花费必要的时间、金钱，或者二者都花（在合理范围内），以解决问题。独资企业解决问题常常犹犹豫豫，因为老板内心清楚，花出去的每一分钱都是在掏自己的腰包。再把客户价值考虑进来，做出决定可能就会容易一些。

7. **超越客户期望**。客户遭遇的每一个问题都是一次创造惊奇体验的机会。但是，仅仅达到客户的期望还不够——必须超越他们的期望。低于这个目标，不过是本来应尽的义务，只能是得失相当，双方扯平。

最近，我的 MacBook Pro 内存有一点问题。拿到苹果零售商店，那位"天才"（真正该这样称呼）立马就解决了问题，这就是我的期望。他送回电脑时说道，"哈耶特先生，希望你别介意，没跟你说我们就换了一块新电池，因为检查时发现，电池安装不正确。"瞧！这才是客户服务——也是我继续购买苹果产品的一个原因！

最后一点想法：听听竞争对手说些什么也是绝妙的好主意。举例而言，假如万豪集团（Marriott）将谷歌新闻定制自动发送服务设置为"喜来登"（Sheraton），就能监测到网上顾客关于在喜来登的郁闷经历所发的博文。真有博文时，他们就可以抢在第一个发表评论。评论可能会像这样：

对您在喜来登的如此遭遇我深感遗憾。我不好说他们什么，但是可以说，万豪在在线旅游和酒店业务两个方面都拥有世界一流的客户服务。为了感谢您赐予我们的这次机会，我愿意将 20% 的折扣放宽给您和您的读者。预订时，只要对接线员说出促销短语"体验差异"即可。凭本条评论在线预订也可。我们期待着为您服务。

如果你已经投入时间和金钱打造品牌，也就值得花时间运用上述简单工具和技巧捍卫自身品牌。

五十九　切勿喂养魔兽

搭建平台的过程,也必然伴随着批评,这不可避免。事实上,没有批评的平台反而更令人奇怪。要以平常心看待批评。

为什么?因为如果你谈及的话题重要,就可能打破现状,让人不舒服。芬利·彼得·唐恩谈到记者时曾经说过,"我们的工作就是让舒服的人痛苦,痛苦的人舒服。"作为博主,这甚至可能正是你的使命之一。不幸的是,这几乎总是会遇到阻力。

老实说:批评伤人。至少对我而言是如此。我一直是公众关注的焦点人物,那是从13年前我的第一本书《千年虫》(The Millennium Bug)登上《纽约时报》畅销书名录起。后来我又写过3本书,当上一家大型出版公司的首席执行官和董事长,并开办了一个广受关注的博客,这些都无助于我少受些攻击。

理论上讲,我明白这正是自己必须付出的代价。但在感情上,它却总让我难以平静。

最近几年来,对我大有帮助的事情之一是,把三种类型的评论人区别开来:

1. 真正的朋友。并非所有的批评都伤人。上帝都不容许我们对持不同意见者置若罔闻。《圣经》箴言说道:"朋友加的伤痕，出于忠诚。"在现实生活中，有些人是为了把我们从自我当中救拔出来而存在的。领导者——以及博主——的处世秘诀，是要创造一种平和的争论环境，让人们在其中畅所欲言。

2. **诚实的批评者**。有些人有不同意见，并且表达出来。他们没有恶意，不是要攻击你。他们仅仅是与你的看法相左而已。这很好。我们需要容忍各种不同意见的存在，而且，还可以从中学到东西。不同意见使对话丰富多彩。你需要同这些人相处，不要把这当做人身攻击。不是每个人必须同意你的意见。

3. **危险的魔兽**。这些人一心想要害人——或者至少利用你来达到他们不可告人的目的。他们讽刺谩骂，嘲笑贬斥，想诱使你上当，投入论战。这些人蛮不讲理，你一旦搅和进去，就会自乱阵脚，空耗心神。

对他们最好的办法就是置之不理。正如有人说的，"反驳只会使其更加疯狂。"你永远不可能使他们满意。明白自己该做什么，就毫不犹豫做下去。第五十四节对于超出文明礼貌底线的评论如何处理谈得更为透彻，请回头阅读。

必须学会区分这三种人。我认为每个人都是朋友或者诚实的批评者，除非他或她露出本来面目。我可能很天真，但是我宁愿假定人心皆善，而不愿在疑神疑鬼当中生活。

六十　　让博客生钱

我开通博客的目的并非为赚钱，我从来没有产生过这种念头。当有人提议我在个人博客上刊登广告时，我均表示了拒绝。那时我认为这种做法有损自己的个人形象。

后来我意识到，所有的专业人士都需要有偿工作。事实上，这一点恰恰是专业和业余之间的区别所在。例如：音乐家卖门票，画家卖画，作家赚版税，演说家收取劳务费，诸如此类，不一而足。

假如你的目的只是把写博客当做业余爱好，那也很好。不过，艺术与金钱并非仇敌，事实上，大多数情况下，艺术本身的存在不可能离开金钱。

你的确可以做到使用博客这一艺术来赚取金钱而无须出卖灵魂。通过我个人综合运用以下三种方式，每月可以赚到好几千美元：

1. 卖广告位。先用 WordPress 插件小打小闹（这正是要用自托管 WordPress 的主要原因）。我最初用的插件是 WP125，卖出的广告位是 125×125 像素。它带来的收入足够支付托管费用，并且还能攒一点私房钱。

眼看发展势头强劲，我又为潜在的广告商创建了一整套成

第五篇
加入你的群落

熟的广告工具。我使用谷歌分析收集关键指标,然后使用"调查猴子"开展读者调查,收集人口和心理信息。

当自己的网页流量到了一个月 4 万上下时,我开始使用灯塔广告网络(Beacon Ad Network)。这是一家经营广告销售的在线服务公司。你可以刊登任何你想要刊登的广告,但他们抽取 30% 的佣金。他们专做针对基督徒的市场,其姐妹公司 BuySellAds.com 则做一般市场。

顺便说一下,我从来不使用谷歌广告联盟(Google AdSense)。我只是不喜欢它的外表。不过,也许现在它已经改变了模样。如果你有兴趣,约翰·塞丁顿在 TentBlogger.com 上有一组很精到的博文介绍 AdSense。

2. 关联促销。这一步,我也是从小处入手。我注册了亚马逊关联(Amazon Associate),并开始用我的关联代码链接自己的书籍和其他产品。(在每篇帖子下面标明链接。)长期以来,这些链接每个月总能给我带来六七百美元收入。

后来,我推广到其他产品。例如,无论什么时候,只要我谈到万能笔记,就链接推销布雷特·凯利的《万能笔记操作实务(第二版)》。我相信,从这里入手,是想要起步、成长的最佳选择,因此,我做得非常彻底。

我还开展 Standard Theme、Nozbe 以及 ScribeSEO 之类的多种其他产品的关联促销。关键在于,要找到自己实实在在正在使用,并相信可惠及读者的产品。我的原则是,自己不使用的,绝不推销。

如果有一个产品,你为之疯狂痴迷——尤其是信息产品——就值得去查看出版商或生产商是否有关联程序可用。也

259

可以查询亚马逊。他们销售的不仅仅是书籍。

3. 产品销售。几年前，我写过一本叫做《写作优秀非小说图书的建议》的电子书，并转换成 PDF 文档，在自己的博客上销售。日复一日，其销售都十分稳定，至今都没有显出下降的趋势。

去年，我又写作了该书的小说版，叫做《写作优秀小说的建议》。其销售额只有非小说版的 50%，但也大大值得我付出的辛劳了。这两本书我还做捆绑销售。

这样销售产品——尤其是数字产品——最好的地方在于，自己呼呼大睡之时，它们照样营业。系统自行运转。顾客购书，系统提供下载链接，货款自动打入你的 PayPal 账户。

上述方法都是用博客直接赚钱的方法。还可以用博客来开发演讲、辅导，或者咨询服务的潜在客户——这些事情我都在做。

利用艺术赚钱而又不出卖灵魂的关键在于，提供的广告、产品和服务符合自己的个人品牌，能为读者创造更多价值。

结语　　迈出第一步

几年前，应朋友罗伯特·史密斯之邀，盖尔和我在得克萨斯州达拉斯市参加成功学家托尼·罗宾斯举办的培训班。那个周末，我们全部的注意力都集中在如何克服恐惧上去了。

就在活动的第一天晚上，有一个特别有意义的节目"下火海"。整个晚上托尼一直都在谈恐惧，以及恐惧如何常常拖人后腿，阻碍我们实现人生真正重要的目标。

我赞同他的说法——至少在理论上如此。在我的生活当中，在家人、朋友和同事的生活当中，我亲眼见过无数次发生此类事情。随着他的讲授，我一边频频点头，一边记下大量笔记。

但是后来托尼宣布，我们将参加一场体验，这场体验迫使我们直面恐惧，将成为我们生命伟力的象征。我们要在火上行走。完全赤脚！

什么？我发愣了，瞪着盖尔。盖尔也瞪着我。我们的双眼因恐惧而圆睁，下巴大张快要抵到胸膛。我喃喃对她说道，"哦！上……帝……"

但是没有任何退路。我们做过保证。来参加培训班之前，罗伯特就让我们承诺，保证参与到底。我们同意无论托尼让我们做什么都做——无论什么。

托尼对我们进行了将近一个小时的具体指导，然后带领所有学员（大约1500人）来到会场外面的宾馆停车场。场上，他的助手已经将煤块燃烧起来，砌起12条灼人的火道，每条火道长约20英尺。煤块有的白热，有的暗红，火舌在黑夜之中狂舞。我们排队等候时，强烈感受到那逼人的高温——何止1000度！

没想到有那么快，就轮到我了。我踏上煤块，脑子里一片空白，只管抬头挺胸迈步。

我走出火道终点，终于醒悟过来，忙用冷水冲洗双脚，心中狂喜。我下了火海！盖尔和我拥抱在一起，又蹦又跳。

正如托尼所言，下火海已经成为我们生命伟力的象征。无论何时，只要面对挑战或者似乎根本不可能的事情，我们都会一而再、再而三地想起这件法宝。

搭建平台与此有何关系？关系重大。

着手开发平台，可能会将人压垮，让人直接望而却步。有太多的东西要学。

- 一旦犯了错误，或者看上去傻乎乎的，怎么办？
- 一旦不招人喜欢，怎么办？
- 一旦失败了，怎么办？

告诉你一个秘诀：忘掉这一切。完全就像我在下火海游戏中所体验的，关键是要起步。一旦跨出第一步，其他的都会迎刃而解。你会跨越恐惧、疑虑与迷茫的火海，到达彼岸。

当然，这得由自己决定。你不必非要踏上这段旅程。你可以选择退缩、放弃，然后生活在"事情本来会是这样"的无尽遗憾之中。

结语
迈出第一步

你会错过太多!

当面临令人望而却步的苦差之时,我总是问自己:"怎么做才会使成功变得可能?"再具体一点,怎么才能像本书讨论的那样,拥有一个平台,使你的生意、你的事业,或者你的战斗,成功变得可能?

你所必须做的,不过就是跨出第一步。其他的,你自会运筹帷幄,应对自如。

附录一　　遵守 FTC 相关法规

我不是职业律师，因此以下内容并非法律建议。本篇内容只是与大家分享一些同样是一名门外汉的实践经验，以通过在个人博客上的尝试，告诉大家我是如何努力遵守联邦法律的。

几年前，美国联邦贸易委员会（FTC）出台了新的法令，要求博主们为产品和相关服务等"对相应的物质关联做公告说明"。事实上，依据美国公共关系协会（PRSA）的规定："人们在使用博客、微博或脸谱网的过程中，若因发布相关产品言论而一再违反新联邦信息披露规则，将被处以 11000 美元的罚款。"

我不了解 FTC 未来在践行这些规则过程中的严重程度。不过，我已经留意到一些相关报道，其中提到该组织将着重关注一部分广告商，后者在未经向博主征得同意情况下，就试图对其施加影响并公开他们曾支付或者所收到的免费产品与服务。

PRSA 在对 FTC 的规定所做解读中提到：

FTC 称他们（博主）为"转让人"，并且，转让人与广告商一道，要为在有物质关联的各组织间对相关产品披露虚假的或凭空捏造、以及错误信息等行为承担责任。

这意味着什么？就是一旦你与第三方广告商或者赞助商等发生"物质关联"，就必须对其予以公开说明。具体而言就是：

附录一
遵守 FTC 相关法规

收取现金或者任何形态的支付（包括供预览的免费产品或服务）的博主，会被认定为转让人，因此必须公开其与该产品或服务的销售商之间所分享的物质关联情况。

因此我们如何在实际操作中把握好这个原则呢？有一个网站 Cmp.ly 的出现成为了广告商与博主们的得力帮手，因为它可以为大家遵守 FTC 法规提供帮助。该网站创建了一系列简单而实用的信息披露方法，以便你在博客、微博，以及其他社交媒体的互动操作过程中使用，它们提供了以下 6 项公开标准清单：

1. 无物质关联
2. 预览复件
3. 免费样品
4. 赞助博文
5. 雇佣/股东关系
6. 从属营销关联

它们提供了"bages"图标可供你插入个人博客协同使用。FTC 并没有对此做要求，并且仅就个人而言，我认为这样做有侵入个人领地之嫌。我当然希望遵守法律，但是我不希望自己的博客没来由地被搅乱，甚至变成一团糟。

依照我最初的想法，当时认为仅仅因插入一些注解就说侵扰实在勉强，比如，你在博客中使用附加链接。或许你已经知道，如果你在个人博客提到一本书，并且使用到个人的亚马逊附属码，那么当有人点开链接并购买了产品，亚马逊就将为你支付少量的手续费。这一操作路径看起来如下：

> 大约是上周，我刚刚阅读多丽丝·卡恩斯·古德温所著《政敌团队》①【附属链接】。它是一本关于亚伯拉罕·林肯的总统生涯以及其政治天赋的佳作，实在引人入胜。

但是在这么做了一段时间之后，我还是感觉到了麻烦和被侵扰——尤其是当同一篇博文出现了大量链接，一如我经常所做的那样时，更加明显。

因此，我决定在每一篇博文下面添置一个信息披露栏，通过使用简单的文本框，来取代使用图标。通常我会采取较小的字体并且使用较轻的颜色。这一操作方式如下：

> 这些同样的性格缺陷如今折磨着许多领导者，对此最佳的防卫者是自我省察意识。
>
> **问题：你在个人领导生涯中是否发现过这些缺陷？现在你如何做来矫正它们——然而你有这些时间吗？**
>
> 关于物质关联的说明：上述博文中所使用的一些链接均属"相关附属链接"。这意味着如果你点开链接并且购买了该产品，我将获得附属佣金。然而，我仅仅推介我个人使用过的产品和服务并且确信它们对我的读者不无裨益。我所做说明是依照FTC的联邦管理法规第十六条，第255节："有关广告和代言中的使用指南。"

---

① 《政敌团队》（Team of Rivals），是由多丽丝·卡恩斯·古德温根据美国前总统林肯的生平而著的一本传记体小说，本书曾获普利策奖。本书推出后，引起轰动效应，后被著名导演斯皮尔伯格搬上荧屏，成为电影《林肯》。

目前我使用以下 5 项信息公开模板，在每篇博文结尾处至少插入其中一项。

·公告 1：无物质关联。这是当我未使用任何植入链接，或者未与我所提及的任何一项产品或服务发生联系时，所使用的标准公告说明：

关于物质关联的公告：我撰写该博文并未收取任何费用，并且与我所提及的品牌、产品，或服务无任何物质关联。该公告我所依据的是 FTC 的联邦管理法规第十六条，第 255 节："有关广告和代言中的使用指南。"

公告 2：附属链接。以下是当我从亚马逊或其他供应商而来的链接植入博客时所作的公告说明内容：

关于物质关联的公告：我以上博文中所使用的链接均属"附属链接"。这意味着一旦你点开链接或者购买该产品，我就将获得相应佣金。然而，我只推介自己使用过的产品或服务，并且确信其对我的读者大有裨益。这里所做说明是依据 FTC 的联邦管理法规第十六条，第 255 节："有关广告和代言中的使用指南。"

·公告 3：预览或样品复件。此条公告适用于当我预览一本书，或者从别人处拿到其他产品以供预览等情况：

关于物质关联的公告：我上文所提及的产品或服务是我所收到的，均为别人免费提供以期我在个人博客中能够提到。然而，我只推介自己使用过的产品或服务，并且确信其对我的读者大有裨益。这里所做说明是依据 FTC 的联邦管理法规第十六条，第 255 节："有关广告和代言中的使用指南。"

• **公告 4：赞助博文**。当别人付费给我，让我对其产品、服务或会议写一篇博文时，适用此公告。我会保证该文章言之有物，因为我必须对该产品有着由衷的偏爱方会动笔：

关于物质关联的公告：这是一篇"赞助博文"。该公司以现金支付、礼物，或者其他有价值的东西给我酬劳以供我写作此文。然而，我只推介自己使用过的产品或服务，并且确信其对我的读者大有裨益。这里所做说明是依据 FTC 的联邦管理法规第十六条，第 255 节："有关广告和代言中的使用指南。"

• **公告 5：雇佣/股东关系**。当我对自己曾担任 CEO 的托马斯·纳尔逊公司所已经出版的一本书撰写博文时，适用该公告。

关于物质关联的公告：我是托马斯·纳尔逊公司的前任 CEO，本书由其出版。然而，我只推介自己使用过的产品或服务，并且确信其对我的读者大有裨益。这里所做说明是依据 FTC 的联邦管理法规第十六条，第 255 节："有关广告和代言中的使用指南。"

对于我所提及的上述方法和公告模板，请放心使用，均免费。

如果你使用 WordPress，可以使用一款添加博文页脚（Add Post Footer）的植入软件，将上述全过程自动生成在自己的博客上，只需将你的默认文本添加于所配置页面即可。我使用 Disclaimer2 来生成个人默认文本。接下来你可以基于逐篇博文自如运用。植入文件会向你解释如何操作。

附录二　　针对小说家的写博理念

很偶然的机会，当我演讲有关社交媒体的主题时，获得了来自小说家的互动问题。"我承认，对于非小说类作者而言，建立一个平台或许是一条堪称伟大的路径，但是对于小说家有怎样的效果呢？我们能写些什么？"

非常好的问题，这里有助你起步的13条写博理念。

1. 个人小说摘录。这或许是最简单的方式，此举为我们、也就是你的潜在读者平添了便利条件，以品尝你的"佳酿之样品"。只需写作一段来完成摘录。当然，要确保你的图书链接附在后面，这样我们就都可以购买。

2. 写作背景故事。告诉我们你写作这本小说的缘由，你是怎样选定这个故事的？你如何构思其中的主角？你为什么选择现有的编排思路？在你开始写作本书前做了哪些研究？

3. 写作幕后一览。向大家展示身为一名小说家的所思所想。当你终于落实了代理人时感觉如何？你颇具典型性的写作日会是怎样的状态？当你第一次看到新书付印并且手捧书本的时候是怎样的心情？

4. 导演手记。这是你偶然以电影的视角来反观小说时的行为。解释一下为何你以一个特别的场景启幕，探讨一下你不得不删减的情境——或者那些你不得不添加进去以锦上添花的内容。不要低估你那些读者的好奇心。

5. 完成自我采访。小说作者经常抱怨职业评论人并未阅读自己的书,或者至少是"未得其要"。很好,但是有谁比你自己更了解这本书呢？当然没有。因此采访自己吧！享受这种尝试带来的快乐,你期待自己被问到什么样的问题呢？

6. 采访你的角色。想象着你的小说是一部电影,你有机会采访到其中扮演主角的演员。你将问他们什么问题？他们将会怎么说？还有一个主意：如果你的小说被搬上荧屏并且由你来指定演员,你将起用哪些知名演员来担纲主角？

7. 采访其他作者。在你所处同流派中找到其他小说家并且采访他们。事实上,建立起志趣相投的作家圈子并且共同扩大这一群落,相互采访,或许不失为书籍分享的佳径。

8. 采访你的编辑。出版之于站在朦胧面纱之外的读者而言依旧神秘,我发现我的读者热衷于知晓这些故事。询问你的编辑与小说家一起工作感觉如何。（如果你够勇敢,就问对方与你一起工作是何种感觉。）让他或她现身说法,来讲述与最好的作者以及最糟糕的作者合作分别是怎样的体会！

9. 采访营销人员。这是基于上一个主意而生的又一个想法。同那些效力于你的出版商的营销人员探讨,营销小说感觉如何？与非小说类图书有何不同？推广一部电影又是怎样的？哪些因素使其充满趣味？又有哪些因素使这一过程变得充满挑战？

10. 向同行提建议。你能像其他小说家提供怎样的提示和技巧？在如何构思一个合理的故事、找到可靠的代理、面对截稿日，或者面对一份营销计划等问题上，你能够作何建议？仅仅回答这些问题，"昔日我所期待的与今日我所了然于心的是什么？"

11. **常见障碍**。身为一名作家你的挑战是什么？当被否定时的情况如何（尤其是你信心十足的时候）？当你想放弃时是什么促你前行？你如何突破作家的瓶颈以及如何面对恶评？坦率且人性化地道出这些故事来增进并绑定与读者之间的关系。

12. **情感挑战**。这应该是上面一个因素的延伸，只是更专注于情感因素。无疑，写作经历给我们带来最佳和最差的体验，你是否感觉到还不够充分？束手无策？深深的挫败感？失望？身为作家，你如何来应对这些情绪？你如何从这些阻滞个人前进的因素中成功抽离？

13. **经验与教训**。一旦你写就了一本小说，就是从成千上万人中脱颖而出，须知，这是多少人梦寐以求之事，却又有几个人能笑到最后。你在这条道路上学到了什么——关于写作、出版、营销——关于你个人？告诉我们以使大家不再走这些弯路。

我确信自己所做的只是抛砖引玉的工作，但是这些有助于踌躇满志的你开始放手一搏。